本书得到国家自然科学基金青年科学基金项目"'三维'相依风险结构的非寿险精算模型研究"、国家社会科学基金重大项目"巨灾保险的精算统计模型及其应用研究"（16ZDA052）和教育部人文社会科学重点研究基地重大项目"基于大数据的精算统计模型与风险管理问题研究"（16JJD910001）资助

车险费率
厘定模型及应用

Chexian Feilü Liding Moxing Ji Yingyong

王选鹤　著

中国社会科学出版社

图书在版编目（CIP）数据

车险费率厘定模型及应用/王选鹤著 . —北京：中国
社会科学出版社，2019. 12
ISBN 978 - 7 - 5203 - 2543 - 1

Ⅰ. ①车… Ⅱ. ①王… Ⅲ. ①汽车保险—保险费率—
研究—中国 Ⅳ. ①F842. 634

中国版本图书馆 CIP 数据核字（2018）第 100548 号

出 版 人	赵剑英	
责任编辑	卢小生	
责任校对	周晓东	
责任印制	王 超	
出 版	中国社会科学出版社	
社 址	北京鼓楼西大街甲 158 号	
邮 编	100720	
网 址	http：//www. csspw. cn	
发 行 部	010 - 84083685	
门 市 部	010 - 84029450	
经 销	新华书店及其他书店	
印 刷	北京明恒达印务有限公司	
装 订	廊坊市广阳区广增装订厂	
版 次	2019 年 12 月第 1 版	
印 次	2019 年 12 月第 1 次印刷	
开 本	710×1000 1/16	
印 张	12. 25	
插 页	2	
字 数	183 千字	
定 价	68. 00 元	

凡购买中国社会科学出版社图书，如有质量问题请与本社营销中心联系调换
电话：010 - 84083683

前　　言

　　机动车辆保险是财产保险的重要组成部分。自 2006 年起，车险保费收入占财险原保费收入的比重每年都超过 70%，2016 年占 78.34%。车险市场的发展取决于供给和需求两端的变化。在过去的十几年里，我国车险市场明显地呈现出以需求端驱动的特征。与此同时，我国商业车险费率改革（以下简称商车费改）随着车险市场的发展而逐步调整。目前正处于深化改革的关键时期，在前期改革取得成效的基础上，于全国范围内扩大自主渠道系数的下浮空间，部分地区进一步扩大自主核保系数下浮空间，进一步扩大保险公司自主定价权，实行差异化浮动系数，鼓励保险公司产品创新，推动车险市场转变为供给端驱动。从近两年的实际经营数据来看，我国车险市场处于严峻形势中，车险承保数量下降，车险新增保费增长困难，保费增速下降，保费充足度降低，综合成本率走高，承保利润集中，中小保险公司亏损。说明在实际的市场表现中，供给端即保险公司需进一步提升车险的定价能力及识别优质客户的能力。

　　非寿险精算的核心内容之一是建立损失估计模型，进而厘定费率和度量风险。目前，广泛应用的广义线性等模型通常都基于各种独立性风险假设，这样，可以简化模型，方便计算。但在实际应用中相依风险更为普遍，比如一次地震可能造成很多房屋倒塌受损，一场干旱可能影响到大片区域的农作物产量，汽车保险中的一次赔付可能有车辆损失、第三者责任损失和其他附加损失等多种损失同时发生等。此时，独立性假设下的损失估计往往存在较大偏差，造成费率厘定和风险度量不准确，影响保险公司的正常运营和保险行业的可持续发展。目前，相依风险下的非寿险精算模型受到了越来越多的重视，得到广泛关注，但国内的相关研究较少，亟须弥补。

相依风险模型相对于基于独立性假设下的传统模型而言较为复杂，一个直观的方法是假设风险损失服从多元分布，进而建立多因变量的回归模型。多元分布可以通过添加公共变量等方式来度量相依风险关系，对应损失模型的参数解释较为直观，但多元分布的边缘假设分布选择较少，而且不易推广到二元以上的情况。Copula 函数将多元随机变量的相依结构和边缘分布分离开来研究，使多元统计分析不再依赖于已知分布假设，可以灵活地选择更为合适的边缘损失分布，它是目前研究相依风险模型的重要方法之一。另外，非寿险损失数据通常具有零膨胀、过离散、右偏厚尾等分布特征，而广义线性模型中的指数分布族假设很难同时满足这些要求。对位置、尺度和形状广义可加模型（GAMLSS 模型）推广了传统的广义线性模型，它只要求因变量的密度函数对分布参数一阶和二阶可导，可以度量解释变量对损失因变量各分布参数的影响，而且允许加入非参数可加形式和随机效应部分，应用更加灵活方便。

由于险种数据量的问题，广义线性模型在建模结果之后需要做一些前瞻性或差异化的调整，最后导致因子系数与建模初期的差异较大。同时，现行体系下，精算定价做出的模型因子及系数使用率还受到监管的约束及核保规则的制约，即没有反映出数据对实际情况的风险相关性，对于数据的建模结果未能很好地应用于对未来情形的预测中。与广义线性模型相比，机器学习方法侧重于训练计算机如何使用数据来解决问题，能够更精确、更快速地处理数据，得出合理的结果。

本书将改进传统的广义线性模型定价方法，基于非寿险损失数据的零膨胀、过离散、厚尾和相依性等分布特征，把 GAMLSS 模型与 Copula 函数、多元分布回归模型有机地结合起来，构建符合非寿险损失分布特点的相依风险精算模型，并引入基于机器学习的车险索赔概率预测模型，实证分析国内的车险损失数据。本书的研究内容和创新之处主要包含以下四个方面。

第一，结合零膨胀二元泊松回归模型和 GAMLSS 模型，构建相依两阶段损失模型。传统的两阶段模型是指在风险独立性假设下，用广义线性模型分别估计各类风险的损失次数和损失金额，把两者相乘作为累计损失。本书将考虑风险的损失次数间具有相依关系，用零膨胀二元泊松回归模型来估计，并用 GAMLSS 模型估计损失金额，这样，既考虑了损失次数的零膨胀和过离散等分布特点，又可以度量费率因子对相依关系风险损失的影响。

第二，结合 Copula 函数、多元伽马分布回归模型和 GAMLSS 模型，推广三阶段损失模型。本书用 GAMLSS 模型估计边缘损失金额，选择冈贝尔、弗兰克、t 和正态等多种 Copula 连接函数来度量相依的损失金额，用零膨胀负二项分布下的 GAMLSS 模型估计损失次数。另外，也引入二元麦凯（McKay）伽马回归模型来估计相依的损失金额，从而推广了弗里斯和瓦尔德斯（Frees and Valdez，2008）所提出的"三阶段"模型中的广义线性模型和 Copula 函数部分，使三阶段相依损失模型结构更加灵活，应用也更为广泛。

第三，实证分析相依风险对于非寿险中费率厘定和风险度量的影响。首先，应用改进和推广的相依风险模型，分析国内的实际车险数据，通过比较拟合优度，评价不同模型的估计效果，选取合适的风险损失模型。其次，估计损失次数和损失金额的联合分布得到累积损失，作为纯保费。再次，用蒙特卡洛随机模拟方法，计算总损失在不同风险水平下的 VaR、CTE 和经济资本。最后，通过对独立和相依两种精算模型估计结果的比较分析，研究相依关系对于厘定费率和度量风险的影响。

第四，基于商车费改视角研究保险公司定价能力。从实际市场角度强调了用现有数据预测未来索赔情况，辅助车险费率精准定价的重要性和必要性。利用径向基神经网络方法，建立索赔预测模型。经过文献分析和数据研究，得出径向基神经网络相比于 BP 神经网络有更好的特性的结论，并将该方法应用于预测车险索赔概率之中。

目　录

第一章　绪论

第一节　选题背景

随着我国社会经济的快速发展，人民的生活质量不断改善，消费水平逐渐提高，保险意识日益增强，车险等非寿险业务也得到了迅速发展。中国保险业监督管理委员会（以下简称中国保监会）的数据显示，自 2006 年起，车险保费收入占财险原保费收入的比重每年都超过 70%，2016 年这一比重更是高达 78.34%。

车险市场的发展取决于供给和需求两端的变化。从 2000—2017 年的数据来看，车险保费收入每年以较高的速度增长，并呈现出明显的需求端驱动特征。在存在相关利好政策的年度中，车险保费增速更为突出。如 2004 年随着国家实施机动车第三者责任强制保险制度，车险保费当年增速高达 38.13%；2006 年 7 月 1 日开始施行交强险，2006 年和 2007 年车险保费增速分别达到了 29.15% 和 33.97%；2009 年与 2010 年，小排量汽车购置税优惠政策使车辆销售市场活跃，车险保费在 2010 年取得 39.36% 的高速增长。而在过去的五年间（2013—2017 年），车险保费平均增速为 13.48%，并呈逐年下降趋势，如图 1 - 1 所示。

与此同时，车险费率从政府统一颁布的费率逐步转变为浮动费率，经历市场化改革，在车险产品同质化的情况下，市场竞争尤为激烈。我国车险费率改革进程可以分为统一颁布的费率阶段、改革

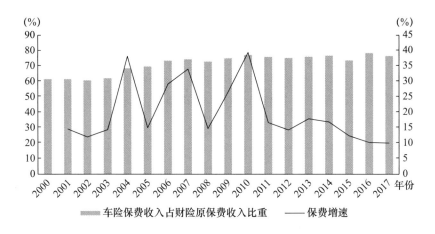

图 1 - 1 车险保费收入占比及增速

资料来源:《中国保险年鉴》。

探索阶段、行业调节阶段和改革深化阶段。即经历了政府统一颁布、公司自主厘定、行业条款规范、公司部分自主定价的过程。政策制定一般先由部分地区试点,总结试点地区经验,改善政策指向,再推广至全国。在改革探索阶段中,由于保险公司存在"规模为先"的经营理念,为争夺客户资源,市场中反复出现"价格战"问题,经多次整顿后,市场秩序仍未见好转。其主要原因是从统一厘定费率到完全自行厘定费率,保险公司缺乏精算厘定费率基础,一方面历史数据累计不充分,另一方面缺乏精算人才。这种情况直接导致在实际核算中纯保费与附加费用混淆,费率折扣比例无限加大,费率降至盈亏平衡点下,最终亏损。

2006 年,中国保监会发布《关于规范商业机动车辆保险条款费率管理的通知》(保监发〔2006〕第 75 号)配合交强险实施,规范车险市场秩序,进一步深化车险条款费率管理制度改革。中国保险行业协会(以下简称中保协)推出 A、B、C 三款商业车险行业条款费率,保险公司可根据实际情况,选择使用中保协条款费率或自主开发,各公司给予投保人的所有优惠总和不得超过车险产品基准费率的 30%。次年,中保协修订《机动车商业保险行业基本条款》,

使车险主要险种在各家保险公司的价格及费率调整系数基本趋于一致。从车险费率市场化的角度来说，又回到了统一颁布费率的状态。但是，车险保费收入持续增长，车辆的保险覆盖面有所提高，车险产品逐步多样化，服务模式不断创新，整体环境与之前的市场背景有着质的区别。

自 2010 年起，以深圳为首，我国开始探索车险费率浮动方案。2012 年，保监会发布《关于加强机动车辆商业保险条款费率管理的通知》（保监发〔2012〕16 号），提出保险公司可以参考或使用协会条款拟订本公司的商业车险条款，并使用行业参考纯损失率拟订本公司的商业车险费率。车险费率改革进入新阶段。

2015 年，中国保监会发布《关于深化商业车险条款费率管理制度改革的意见》（保监发〔2015〕18 号）及《深化商业车险条款费率管理制度改革试点工作方案》（保监产险〔2015〕24 号）启动了新一轮市场化改革，对车险的条款体系、内容、险种、费率、保额、保费等做出了全新的规定。2015 年 6 月，在黑龙江等 6 个地区启动商车改革首批试点。2016 年 1 月，商车改革试点扩展到安徽等 12 个地区。2016 年 6 月，商车改革在全国范围内实施。本次费改实现车损险"车型定价"；建立与出险次数挂钩的费率奖惩机制；引入交通违法费率调整系数；赋予保险公司定价自主权。保险公司通过"自主渠道费率调整系数"和"自主核保费率调整系数"获得部分自主定价权。全国范围内上述两个费率调整系数的浮动区间分别为［0.85—1.15］，深圳地区的浮动区间分别为［0.75—1.25］。

2017 年 6 月，在前期改革取得成效的基础上，中国保监会启动二次商车费改。在全国范围内扩大自主渠道系数的下浮空间基础上，在部分地区，进一步扩大自主核保系数下浮空间，进一步扩大保险公司自主定价权，实行差异化浮动系数。2018 年 3 月，在四川、山西、福建、山东、河南、厦门和新疆 7 个地区调整商业车险自主定价范围，保险公司自主系数继续放开，鼓励保险公司产品创新，进一步推动车险市场发展由需求端驱动转向供给端驱动。

表1-1梳理了各阶段我国车险费率条款相关规定。

表1-1　　　　　　车险费率条款相关规定的梳理

阶段	时间	相关规定
统一颁布费率阶段	1995年5月15日	中国人民银行发布《关于印发机动车辆保险条款费率解释的通知》（银发〔1995〕144号）
	1999年2月13日	中国保监会发布《关于印发〈机动车辆保险条款〉和〈机动车辆保险费率〉的通知》（保监发〔1999〕27号）
	1999年2月25日	中国保监会发布《关于印发〈深圳市机动车辆保险条款〉和〈深圳市机动车辆保险费率〉的通知》（保监发〔1999〕32号）
	2000年2月4日	中国保监会修订颁布适用于全国除深圳外的《机动车辆保险条款》和《机动车辆保险费率规章》（保监发〔2000〕16号）
	2001年9月6日	中国保监会发布《关于在广东省进行机动车辆保险费率改革试点的通知》（保监发〔2001〕164号）
改革探索阶段	2002年8月16日	中国保监会发布《关于改革机动车辆保险条款费率管理制度的通知》（保监发〔2002〕87号）
	2003年1月1日	《中华人民共和国保险法》
	2003年2月8日	中国保监会发布《关于停止使用原车险统颁条款的通知》（保监发〔2003〕13号）
	2005年11月10日	中国保监会发布《财产保险公司保险条款和保险费率管理办法》（保监会令〔2005〕4号）
改革探索阶段	2006年3月2日	中国保监会发布《关于进一步加强机动车辆保险监管有关问题的通知》（保监发〔2006〕19号）
行业调节阶段	2006年7月1日	中国保监会发布《关于规范商业机动车辆保险条款费率管理的通知》（保监发〔2006〕第75号）
	2007年4月1日	中国保险行业协会修订《机动车商业保险行业基本条款》
	2010年6月6日	中国保监会发布《关于在深圳开展商业车险定价机制改革试点的通知》（保监产险〔2010〕619号）
	2012年2月23日	中国保监会发布《关于加强机动车辆商业保险条款费率管理的通知》（保监发〔2012〕16号）

续表

阶段	时间	相关规定
改革深化阶段	2015 年 2 月 3 日	中国保监会发布《关于深化商业车险条款费率管理制度改革的意见》（保监发〔2015〕18 号）
	2015 年 3 月 20 日	中国保监会发布《深化商业车险条款费率管理制度改革试点工作方案》（保监产险〔2015〕24 号
	2015 年 4 月 29 日	中国保监会发布《关于商业车险改革试点地区条款费率适用有关问题的通知》（保监产险〔2015〕47 号）
	2016 年 6 月 27 日	中国保监会发布《关于商业车险条款费率管理制度改革试点全国推广有关问题的通知》（保监产险〔2016〕113 号）
	2017 年 6 月 8 日	中国保监会发布《关于商业车险费率调整及管理等有关问题的通知》（保监产险〔2017〕145 号）
	2018 年 3 月 15 日	中国保监会发布《关于调整部分地区商业车险自主定价范围的通知》（保监产险〔2018〕61 号）

资料来源：中国保监会、中国保险行业协会。

在本轮费改开始后，我国车险市场又出现了一系列新问题。首先，车险保费整体增速下降；其次，存在一部分保险公司投入更多的企业利润到第三方中介渠道来争夺市场的情况。

新车销量增速放缓、存续车报废率提升共同带来车险市场承保数量增速下降。随着小排量汽车税收优惠政策逐步退出，一线城市限购和二、三、四线城市汽车趋于饱和，未来一段时期汽车消费增长滞缓，预计未来一段时间内新车销量增幅较小。另外，我国存续车报废率有所提升，接近国际成熟市场6%的水平。

受需求端即车险承保数量下降的影响，车险新增保费增长困难，保费增速呈下降态势。2017 年二次费改后，除中国人民财产保险股份有限公司（以下简称人保财险）、中国平安财产保险股份有限公司（以下简称平安财险）增速超过市场平均水平以外，相对规模较小的公司，增速都落后于市场平均增速。规模越大增速越高，规模越小增速越低，"马太效应"明显。

随着保费增速的下降，保费充足度进一步降低，综合成本率持续走高，车险成本结构与发达国家市场存在巨大差异。数据显示，相较于前几年车险赔付率在63%—64%之间波动，2015年，车险综合赔付率快速下降至60%。2016年，车险综合赔付率继续下降至58%。原则上讲，后端的综合赔付率逐渐下降，会增加车险的盈利空间。但是，在实际经营过程中，部分财产险公司为了抢占市场份额，在销售的前端，不断抬高手续费，造成综合费用率快速上升，车险成本不断提高。2016年，车险保费收入排名前60的财险公司平均车险综合费用率为41%。2017年，人保财险、平安财险等龙头保险公司综合费用率为37.4%；规模在150亿—1000亿元的公司综合费用率达到47.8%；规模在10亿元以下的公司综合费用率更是高达52.4%。行业内多数财险公司综合费用率超过了平均数，市场竞争越发激烈。

从利润分布的情况来看，车险的承保利润依然主要来自人保财险、平安财险和太保财险，三家车险业务承保利润高达110亿元。中小财险公司由于分支机构数量、品牌效应不强、渠道弱势、综合费用率居高不下等原因，在整体车险业务上盈利状况表现不佳，只能采取降价或提高回报等优惠措施，对保单基本不考虑风险差异，违背了商车费改的初衷，最终导致处于亏损状态。

可以看到，未来一段时间内，商业车险在需求端受驱动减小，同时单纯的"价格战"无法促进保险公司经营的良性循环，新一轮商车费改赋予了保险公司更多的自主定价权，保险公司提供产品及服务的能力与质量将决定其市场表现，业务标准化、定价合理化、运营精细化将是未来车险业务发展的方向。与改革探索阶段市场环境不同的是，当前全球保险行业正处于金融科技的浪潮之下，保险科技的应用越来越广泛，保险公司能够借助保险科技提高业务效率、节约运营成本、优化客户体验，从长期来看，将对保险市场有着颠覆性的影响。

经历一次费改以后，各大保险公司逐渐实施"费赔联动"机制，但是，迫于数据维度、数据质量以及技术限制，导致各风险定价结果差异度有限。未来，精准定价能力和差异化经营将会体现保险公司核心竞争力。

第二节　研究意义

精算技术落后是制约我国保险发展的重要因素之一，保险中的精算技术，一方面，要开发具有核心竞争力优势的产品，形成特色化、差异化的产品结构、形态，推进产品的改革创新；另一方面，要对经营数据进行量化分析、预测，及时准确把握市场环境的发展变化，适时防范和规避经营风险，确保费率市场化改革的持续推进。按照精算技术的不同，保险分为寿险和非寿险，其中，车险业务占非寿险市场份额的70%以上，以汽车保险为主的非寿险精算涉及的随机因素复杂，应用困难更大，因此，发展远落后于寿险精算，这将是本书的研究重点。

保险费率市场化改革的关键在于应用精算技术，精确地预测保单的损失赔付，厘定合理的费率水平。目前，我国非寿险精算中广泛应用的是广义线性定价模型，为了模型简化和应用方便，通常基于独立性条件和指数分布族假设，这在保险实务中往往不能满足，因为实际的非寿险赔付数据一般存在各种相依结构，还具有零膨胀、过离散、厚尾和截断等分布特征。比如，由于同一车队或相同车型下的车辆具有相近的事故赔付特征，受到个体风险特征的惯性影响个体保单的历史赔付记录对于未来赔付有正向相依影响，多个车险产品捆绑销售导致一次事故往往造成车损和人伤等多种赔付等。因此，对损失赔付的估计往往会出现偏差，个体风险的识别和区分度不够，影响了费率厘定和风险度量的精度，可能会造成投保人"逆选择"、保险公司盈利水平和竞争能力下降等问题。

在非寿险费率的厘定中，分类费率模型和经验费率模型是两种基本方法，目前广泛应用的是基于广义线性模型的分类费率方法。为了模型简化和计算方便，通常假设不同风险之间是相互独立的，损失因变量服从指数分布族。但是，在实际中上相依性风险更为普遍，而且指数分布族局限了损失模型的选择范围。

近年来，随着保险和再保险等金融产品的复杂化，精算模型也更加精确，其中相依风险模型发挥了越来越重要的作用，得到了广泛关注。实际上，保险人经常对多种风险损失同时投保，这既可能是由于保险产品捆绑在一张保单上，也可能是投保人自由选择多种保险产品组合。比如，在机动车保险中，被保险人经常在同一家保险公司投保机动车交通事故责任强制保险、商业第三者责任险保险、机动车损失保险和附加险等，在团体寿险中，往往以家庭为单位来投保。这时各个风险因素之间很难是纯粹独立的，大多具有一定程度的相依关系。比如一次车险赔付中可能发生多种损失，夫妻间的寿命存在正向相依关系，即一方寿命长，另一方也更容易长寿。传统独立假设下的损失模型是分别估计各风险损失，再直接相加作为总损失。此时的损失估计往往不够准确，收取的保费与实际损失之间存在较大偏差，而 VaR、CTE 和经济资本等风险度量的计算都是基于损失风险的估计，因此也会影响到保险公司的风险管理和监管机构的风险监管。此外，还会带来投保人的"逆选择"等问题，即当保费高估风险时，被保险人可能会选择其他保险公司或者不保；而当保费低估风险时，被保险人会倾向于选择续保，长期积累后，一种极端危险的情况是最后只剩下损失风险被低估的保单，这会严重影响到保险公司的正常运营和保险行业的可持续发展。

对于相依风险下的损失估计问题，一个直观的方法是假设损失变量服从多元分布，建立多因变量回归模型。在只有一种风险时，通常假设损失次数服从一元泊松分布，损失金额服从一元伽马分布，推广到两种风险情况，即假设损失次数和金额分别服从二元泊松分布和二元伽马分布。多元分布尽管可以通过添加公共变量等方法来刻画相依关系，解释直观方便，但边缘分布难以推广到更一般的形式，而且二元以上的多元分布较难构造。多元正态分布虽然相对简单，但边缘正态分布又不满足损失数据的分布特征。

自从 1959 年斯克拉（Sklar）提出 Copula 函数以来，已逐渐成为构建相依风险模型的重要方法之一，它将多元随机变量的相关结构和边缘分布分离开来研究，一部分仅描述变量间的相依结构，另一部分仅描述边缘分布函数，使多元统计分析不再依赖于多元正态等已知分布假设，可以灵活地选择合适的边缘分布。

此外，个体保单的损失数据通常具有零膨胀、过离散、右偏厚尾等分布特征，传统广义线性模型中的指数分布族假设很难满足要求。对位置、形状和尺度参数广义可加模型（GAMLSS），包含广义线性模型、广义可加模型和广义混合模型等各种回归模型，而且只要求因变量密度函数对分布参数一阶和二阶可导即可，这大大扩展了损失假设分布的选择范围。

目前，关于相依风险模型的研究受到欧美等保险业发达国家的广泛关注，而国内的相关研究较少，且大多停留在理论阶段，在非寿险领域中的应用更是亟须弥补。本书将把 Copula 函数、多元分布回归模型和 GAMLSS 模型有机地结合起来，构造相依风险下的损失模型，相对传统独立性假设下的广义线性模型，可以更精确地估计风险损失，进而更科学地厘定保险费率，更合理地计算风险度量，提取更合适的经济资本。相关问题的研究对于保险公司的业务经营和风险管理、监管机构的风险监管，乃至保险行业的长期健康和可持续发展都具有重要的理论价值和现实意义。

与传统车险定价索赔频率模型相比，机器学习方法侧重于训练电脑如何使用数据来解决问题，能够更精确、更快速地处理数据，得出合理的结果。径向基神经网络作为机器学习神经网络方法中实用性较强的方法，其对数据有"特征提取"的功能，可以从大量过去的数据中找到规律，进行仿真模拟。将其应用于对商业车险数据的分析预测上，能为商业车险精细化、差异化定价提供一定的参考依据。

第三节　文献综述

非寿险精算定价模型主要是建立各种定量模型来分析非寿险中的损失变量，进而应用到费率厘定和风险度量等领域。广义线性模型发展比较成熟，是最重要的非寿险精算模型之一，目前广泛应用于车险定价和准备金评估等方面。包括广义线性模型在内的传统非寿险精算模型大都基于各种独立性假设，而在更多情况下风险之间存在各种相依关系。

度量相依关系的直接方法是假设多损失因变量服从多元分布，通过添加公共变量等构建相依结构。但多元分布又存在边缘分布选择受局限、不易推广等问题，Copula 函数将多元随机变量的相关结构和边缘分布分离开来研究，使多元统计分析不再依赖于已知分布假设，逐渐成为分析相依关系的一个重要方法，目前在金融、保险、生物医疗等领域都有广泛的应用，受到越来越多的关注。下面系统地梳理广义线性模型、多元分布模型、Copula 函数、机器学习等方法的发展及研究现状，以及在非寿险领域中的应用。

一　国外研究现状

国外关于广义线性模型的相关研究起步较早，已经发展得比较成熟，广泛地应用于实际的损失估计和保险定价中。内尔德和韦德伯恩（Nelder and Wedderburn，1972）首次提出广义线性模型（GLM），他们在论文中系统地介绍了广义线性模型的构成、假设以及参数估计方法。麦克拉格和内尔德（McCullagh and Nelder，1989）首次将广义线性模型应用到精算领域，他们认为，指数分布族可以通过适当的线性转换完成线性化，这些适合线性化的模型包括泊松、正态、伽马等分布，实际上，单项分析法、最小偏差法以及经典线性模型都是广义线性模型的特例。黑斯蒂和蒂布什拉尼（Hastie and Tibshirani，1990）引入可加模型技术产生广义可加模型

（GAM），允许自变量以非线性和非参数的形式对因变量产生影响。Zeger 和 Karim（1991）在广义线性模型的均值线性预测中引入随机效应，建立了广义线性混合模型（GLMM）。哈伯曼和伦肖（Haberman and Renshaw，1996）详细地论述了广义线性模型在精算学中的应用。Lin 和 Zhang（1999）进一步提出广义可加混合模型（GAMM）。Fahrmeir 和 Lang（2001）又在广义线性混合模型中加入贝叶斯理论。弗里斯等（2001）应用广义线性模型分析纵向车险数据。戈登（Gordon，2002）提出，为了提高模型精确度，除了考虑期望值与分类变量之间的关系，也要考虑与分类变量的分散程度的关系，构建 Tweedie 混合泊松模型来拟合非寿险损失数据。莱昂和瓦尔德斯（Leong and Valdez，2004）研究了使用随机效应来描述不同时间索赔相依时的信度保费公式。麦卡洛克和纽豪斯（McCulloch 和 Neuhaus，2005）详细地总结了广义线性混合模型理论和应用。Rigby 和 Stasinopoulos（2005）提出了对位置、尺度和形状参数广义可加模型（GAMLSS），包含上述大部分模型的形式，将分布的假设形式由指数分布族推广到更加一般的形式，包括一大类常见的分布类型，而且可以在各种分布假设下同时对位置、尺度和形状等分布参数建立参数或非参数的回归模型，加入随机效应部分，允许自变量以非参数可加形式影响因变量的多个分布参数，具有很大的灵活性，可以满足保险损失数据的各种特殊分布特点，估计效果更加精确。Stasinopoulos 和 Rigby（2007）进一步详细介绍了 GAMLSS 模型的估计方法和具体应用。De Jong 和 Heller（2008）比较全面地介绍了这些广义线性模型及改进形式。奥尔森和约翰森（Ohlsson and Johansson，2010）进一步把这些模型应用到非寿险定价中。近年来，相关研究仍然很活跃，比如，希珀和约斯珀森（Schipper and Jespersen，2014）分析了非寿险定价中的零膨胀问题，Zhou（2015）阶段性地总结了广义线性模拟的理论及在保险中的应用；Wolny - Dominiak 等（2015）把分位回归方法引入保险定价中；穆勒（Müller，2016）总结了广义线性模型的新进展；孙维伟和陈伟珂（2016）在

GAMLSS 框架下，研究了负二项、零膨胀泊松、零调整伽马等几种典型的有限混合分布模型，实证分析了一组车险损失数据，研究结果显示，有限混合后的回归模型拟合效果更好；王选鹤等（2017）用 GAMLSS 度量了车险索赔金额数据的尖峰和厚尾分布特征，也取得了良好效果。

上述模型大都分析单因变量，而很多情况下考虑相互依赖的多因变量损失模型更为合适，一种直观的方法是在多元分布假设下构建回归模型。Mardia（1970）、科茨等（Kotz et al.，2000）、Balakrishnan 和 Lai（2009）等总结了二元连续分布的构造和性质，近几年相关的问题的研究仍得到很多关注，一些结构比较复杂的多元分布也陆续出现。比如，乔等（Joe et al.，2012）构造了多元逆高斯和多元偏态分布；Chen 等（2013）构造了一种二元广义伽马分布。但他们大多研究多元连续变量，而且很少应用到保险精算中。多元离散分布结构一般比较复杂，其中相对容易构造的是二元泊松分布，霍尔盖特（Holgate，1964）较早提出了一种三变量还原法，通过添加公共变量的方法来实现。约翰森（1997）、Kocherlakota 和 Kocherlakota（2001）总结了二元泊松等多元分布及回归模型。多元分布在保险精算领域的相关研究比较少，较早的是冈明斯和威尔特班克（Cummins and Wiltbank，1983）应用二元泊松分布来估计累积损失。弗尼克（Vernic，1997）和瓦林（Walhin，2001）又分别用广义二元泊松和零膨胀分布来拟合车险损失次数数据，但是，他们都没有考虑费率因子的影响。Bermúdezi Morata（2009）用零膨胀二元泊松回归模型来分析车险损失次数，实证结果表明，考虑相依性要比传统的独立假设定价模型合理。伯姆德斯和卡利斯（Bermúdez and Karlis，2015）又进一步构建了有限混合泊松回归模型来估计车险损失。关于多元连续分布在保险精算中应用的研究还很少。

多元分布模型在实际应用中具有很多局限，一般构造比较复杂，大多数边缘分布并不符合保险损失数据的分布特征，而且目前大多仅限于分析二元变量，较难推广到更多变量的情况。Copula 函数是由斯克拉（1959）提出的，它将多元随机变量的相关结构和边缘分布分离开来研究，使多元统计分析不再依赖于多元正态等已知分布假设，逐渐成为分析相依关系的一个重要方法，在金融、保险、生物医疗等领域都有广泛应用，受到越来越多的关注。乔（1997）总结了 Copula 函数的性质和常用参数 Copula 族。Fermanian（2005）、Panchenko（2005）、Genest 等（2006，2009）、Scaillet（2007）、Savu 和 Trede（2008）、Berg（2009）等总结并比较了不同的参数和非参 Copula 函数的估计方法。弗里斯和瓦尔德斯（1998）、Embrechts 等（1999）较早地把 Copula 方法应用到金融风险管理领域。Denuit 等（2005）系统地介绍了相依性的度量、比较和模型，用 Copula 方法来度量相依关系。弗里斯、瓦尔德斯和 Shi 等把 Copula 方法应用到保险精算领域，并取得了一系列成果。比如，费里斯和 Wang（2005）构建了基于 Copula 相依结构的信度模型；弗里斯和瓦尔德斯（2008）构建了一种分层损失估计模型；弗里斯等（2009）用正态和 t Copula 度量损失金额间的相依关系，并进一步将这种分层模型应用于车险定价中，通过对一组新加坡车险数据的实证分析，验证了该模型相对传统独立假设模型的优势；Shi 和弗里斯（2011）把 Copula 方法应用到评估准备金中，Shi 和瓦尔德斯（2011）用 Copula 方法检验车险中的渐近信息；Shi 和弗里斯（2012）用 Copula 函数连接多元负二项分布来估计损失次数；Shi 和瓦尔德斯（2012）用 Copula 方法分析了纵向车险损失次数数据。近年来，其他学者的相关研究也很活跃。比如，Zheng 等（2011）提出了一种基于独立和 Fréchet 上下界三部分结构的二元 Copula 估计方法；瓦尔德斯和 Xiao（2011）用 Copula 将一元风险度量中扭曲函数推广到多元情况；Pinquet（2012）用 Copula 方法研究了非寿险经验费率问题；Scheel 等（2014）把 Copula 方法应用到贝叶斯分层模型的空间变量选择中，分析天气对保险损失的影响；Ren（2015）把 Copula 方法应用到多变量累积损失模型中等。

哈迪等（1934）提出的随机序也是研究相依性风险的一种重要

理论方法；Shaked 和 Shanthikumar（2006）对于相关理论做了全面的总结。随机序在保险精算领域的早期理论成果主要有：Borch（1961）将效用函数引进保险精算领域；Bühlmann 等（1977）将随机序的概念用到比较不同的保险定价原则之间的差异中等；Goovaerts 等（1990）总结了随机序在精算中的应用。更多较新的相关研究成果可参见 Denuit 和 Mesfioui（2010），但在保险精算领域中的实际应用还较少。

随着数据挖掘方法的兴起，有学者提出，可利用大数据分析估计相关风险及损失。机器学习算法作为一类结果可靠、精度高、速度快的大数据分析方法，在保险领域的应用受到了越来越多的关注，其研究也有了一定的成果。

Bapat（2010）将过去索赔记录的汽车保险索赔数据分类并建立代表性数据，基于代表性数据应用人工神经网络（ANN）算法创建预测模型，并在测试数据集中进行验证。最终得出的结论是：该人工神经网络预测模型可以作为基于预先存在的数据预测未来的汽车保险索赔的有效工具。其具有较快的收敛性和较高的精度，并且存在改进空间。

古尔曼（Guelman，2012）指出，由于梯度提升树（Gradient Boosted Trees，GBT）具有预测精度高、可解释性强等优点，是预测保险损失建模的良好选择。并使用加拿大一家大型保险公司的数据对索赔频率和索赔强度分别进行建模，同时将预测精度与传统的广义线性模型（GLM）方法进行比较。结果表明，梯度提升树在预测索赔频率和索赔强度中，可以替代传统广义线性模型。Lee 和 Antonio（2015）提出，保险损失数据为低频率非均衡数据，梯度提升树并不十分适合保险损失数据的建模。由此提出了 Delta Boosting Machine 方法（以下简称 DBM 法），并通过实际数据验证 DBM 法在实际应用中比决策树、广义线性模型、支持向量机、梯度提升树等方法更具有预测性，存在更广阔的应用前景。

Yunos 和 Shamsuddin（2013）利用人工神经网络（ANN）与自

适应神经模糊系统（ANFIS）对马来西亚汽车保险数据进行建模和预测，实验结果表明，ANFIS 模型的表现优于 ANN 模型。两种模型都能为马来西亚汽车保险索赔提供可靠的预测，因此，可以用作预测索赔频率和索赔额度的替代方法。Mzhavia（2016）基于爱沙尼亚某保险公司的车辆保险数据，创建了一个基于人工神经网络技术的预测模型，该模型根据上述数据库数据，成功地预测索赔风险并为保险公司及其客户提供公平的利率制定。

Ruth 和 Dong（2017）利用机器学习回归方法来预测保险索赔额度。基于 Allstate 保险公司实际数据，分别建立线性回归、随机森林回归（RFR）、支持向量回归（SVR）和前馈神经网络（FFNN）索赔额度预测模型。使用均方误差（MSE）值和确定系数（R^2）值比较模型的性能和准确性。Frempong 和 Nicholas（2017）利用决策树分析并建立了一个车险索赔预测模型，并发现车龄和保单持有人的年龄是预测保单持有人发生车险索赔的主要风险因素。

Mohammad 和 Mohsen（2017）提出了一个概念框架，描述了汽车保险客户风险预测模型的结构设计，并将远程信息数据的价值与深度学习算法相结合。模型的组件包括数据转换、标准挖掘、风险建模、驾驶风格检测和风险预测。预期该框架能够比传统方法产生更准确的结果。

二　国内研究现状

相对于保险业发达的欧美国家，我国关于非寿险精算的研究起步较晚，其中广义线性模型的应用成果也很有限。我国学术界对于广义线性模型的理论研究虽然起步较晚，但是仍比较活跃。孟生旺（2007）将传统定价方法与广义线性模型进行对比，认为相比于广义线性模型，传统定价方法有一定的局限性。但是，对于实际问题来说，不存在普遍最优的模型和方法。卢志义和刘乐平（2007）指出，广义线性模型在理论层面将会不断扩展和完善，在非寿险方面有着十分广阔的应用前景。同时指出，未来其在应用中需要对广义线性混合模型、与其他统计方法相结合、模型推广等方面进行研究。郭念国和徐昕（2010）分析了非寿险产品费率厘定中的零索赔额现象，指出了线性回归模型和广义线性模型在非寿险产品费率厘定中存在的问题和不足。赵慧卿和王汉章（2011）使用广义线性模型从索赔频率和索赔额度两个方面估计保险费率，分析了索赔影响因素（从车、从人、从地）的变动对索赔的影响，并利用2006年我国某保险公司的数据进行实证分析。

由于车险实际损失数据往往存在不能满足广义线性模型的分布假设的情况，根据这种情况，我国学者也对传统的广义线性模型进行了推广和改进。张连增和孙维伟（2012）指出，Logistic回归是广义线性回归模型的一种特殊形式，并利用Logistic回归对保单索赔发生概率建立模型。并认为，该模型在识别客户、影响因子分析、精细化分类定价等方面有良好的应用。徐昕和袁卫（2012）研究了非寿险定价中索赔次数，针对索赔数据中的多零问题建立了推广的零膨胀负二项回归模型，并分别与几类常见的回归模型作了比较分析。孙维伟和张连增（2013）介绍了基于位置、尺度和形状的广义可加模型（GAMLSS），并在此基础上，以其框架下的零调整逆高斯模型（ZAIG）为例，讨论了其在财险公司财险定价中的应用研究。吕定海和王晔（2013）主要阐述了贝叶斯视角下的广义线性模型，并使用广义泊松分布拟合赔案数目数据对损失频率进行分析。吕定海和黄大庆（2013）针对广义线性模型的局限性问题，提出对于不同类型的分类定价因子应使用不同的模型拟合。对一般分类定价因子，可以考虑使用广义线性模型；而对于多水平分类定价因子，可以使用分层广义线性模型（HGLM）。王选鹤（2017）提出，引入损失分布厚尾特征的刻画和分类方法，比较不同连续型损失分布的尾部厚度，并在二型广义伽马分布下构建GAMLSS模型对损失金额进行预测。

对于多元分布及模型的应用，国内研究成果较少，只有李国安（2007）、谢华和黄介生（2008）、冯平等（2009）应用于水文频率的分析等，很少应用于非寿险领域。

随着张尧庭（2002）第一次引入 Copula 理论，国内学者才逐渐开始相关的研究。在保险领域的相关成果主要有：梁冯珍和史道济（2006）应用 Copula 函数来估计保险准备金；陈辉和陈建成（2008）用 Copula 函数研究保险中的投资组合问题；温利民等（2010）用 Copula 函数构建信度理论中的相依关系；谢凤杰等（2011）把 Copula 函数应用到农作物收入的保险产品定价研究中；尚勤等（2012）把极值 Copula 应用到巨灾保险债券定价中；李政宵和孟生旺（2016）分析了索赔频率与案均赔款的相依性，以及对泊松—伽马模型和 Tweedie 模型再损失预测中的影响；孟生旺和李政宵（2017）提出了一种基于 Copula 方法的相依性调整模型，以解决索赔频率与索赔强度之间的相依性问题。

我国学者对机器学习算法在保险领域的应用进行了相关研究。叶明华（2011）基于我国财产保险公司车险索赔样本数据，检验 BP 神经网络在我国保险欺诈识别中的有效性，并尝试将统计回归与神经网络有效融合。赵尚梅（2015）首次将支持向量机方法运用到机动车保险欺诈的识别研究中，证实以 B—SVM 为代表的支持向量机方法在机动车保险欺诈识别中明显优于 BP 神经网络为代表的其他识别模型。孟生旺（2012）将神经网络模型与车险索赔频率预测联系起来，得出神经网络模型的拟合效果优于广义线性模型；广义线性模型中，泊松回归的拟合效果优于负二项回归和泊松—逆高斯回归；线性回归模型的拟合效果最差，回归树模型的拟合效果略好于线性回归模型的结论。李慧（2016）将基于蚁群优化算法的灰色模型和径向基神经网络（RBF）算法相结合，建立一种根据特征推荐城乡居民参保养老保险缴费等级的预测模型。孟生旺（2017）比较了基于广义线性模型、梯度提升树、多层感知器、支持向量机建立的车险索赔预测模型，认为基于机器学习算法的保险损失预测模型是一种新的选择。

三　研究现状评述

综上所述，应用 GAMLSS 模型、信度理论 Copula 函数和机器学习方法研究非寿险赔付中的相依风险结构，是国际上的前沿热点和研究趋势之一，已取得了比较丰富的研究成果。但是，目前仍存在一些问题亟须进一步改进和完善。

第一，广义线性模型已成为国内外研究车险定价问题的主要模型，其使用需要对数据进行分布假设，相关因子系数调整周期过长，未能精准地体现原始信息与实际风险的相关性。对于不符合分布假设的数据来说，需要对传统的广义线性模型进行推广，且针对不同类型的分类数据需使用不同的模型拟合。现存的车险索赔模型仍然存在无法完全体现实际风险变化尤其是单个保单的个体风险变化规律的缺点。

第二，现有关于非寿险定价模型的研究，大多只是单纯地考虑非寿险数据的分布特征或者相依结构，尚缺少同时度量分布特征和相依结构的定价方法。我们将把广义线性模型与随机效应相结合，在原有固定效应因子基础上引入多水平随机效应因子，构建GAMLSS模型，同时考虑非寿险数据的零膨胀、过离散、尖峰厚尾和截断等非指数族的分布特征和多水平"场景"相依结构。

第三，现有关于相依风险精算模型的研究，大多只从单一维度考虑一种相依结构，缺少同时度量多种相依结构方法。我们将结合随机效应、信度理论和Copula函数，构建具有嵌套结构的相依精算模型，从场景多水平、历史赔付记录和赔付类型三个维度刻画可能存在的相依结构。

第四，针对机器学习方法在保险领域中的研究较少，国内研究甚少。就国内研究而言，在现有文献中，机器学习方法常用于保险客户流失度预测、保险欺诈行为预测等，对其在保险费率厘定的应用研究较少。

第五，现有相关成果主要是理论探讨，较少算法实现在非寿险中的实证研究，尤其是缺少分析国内的非寿险变量风险特征。我们将在国内保险费率市场化改革背景下，在构建相依风险理论模型的基础上，采用"降维"的方法，依次估计各维度相依结构下的模型参数，应用 SAS 和 R 软件来编程实现，通过分析全国车险信息平台中的数据，改进现在的 GLM 定价方法的不足，提出了引入相依费率因子、调整车险费率行业指导标准等政策建议。

第四节 研究内容和创新点

一 研究内容

本书总共分为十章，主要包括以下六个方面的研究内容：

第一，介绍了本书选题的实际背景和意义，系统地梳理了国内外相依风险模型和机器学习方法的发展历史及研究现状，尤其是在非寿险中的相关应用，并概括了本书的研究内容及创新之处。作为研究的理论基础，介绍了相关的基本概念和理论模型，讨论了常用相依风险模型和非寿险精算模型的性质与估计方法。

首先，定义了风险及一致性风险度量体系，介绍了 VaR、CTE 等风险度量方法及经济资本的概念。

其次，用 Copula 函数来构建相依风险结构，介绍了它的概念和定义，讨论了常用的正态、t、克莱顿、弗兰克和冈贝尔等参数 Copula 函数的性质和特点，分析了一般 Copula 函数的参数估计方法，重点介绍了两阶段极大似然估计方法，它是第四章相依风险模型构建的理论基础。

再次，结合 Copula 函数，介绍了皮尔森相关系数、斯皮尔曼秩相关系数和肯达尔秩相关系数三种全局的相依性度量指标，分析了常用参数 Copula 函数的尾部相依程度，包括上尾相依系数和下尾相依系数。分析了非寿险损失数据的零膨胀、过离散、右偏厚尾等特点，给出一些相应的损失分布假设选择，它们大多都服从传统广义线性定价模型中的指数分布族假设。

最后，引入 GAMLSS 模型，从假设分布的选择、非参数可加及随机效应回归形式的引入等方面改进了传统的广义线性模型，并系统地介绍了 GAMLSS 的模型形式和估计方法。

第二，把多元分布与 GAMLSS 相结合，构建相依两阶段损失估计模型，是本书的一个理论创新。首先，描述了两阶段模型中的损失数据结构，即把损失次数和损失金额的联合分布分开估计。其次，分析了传统两阶段模型的结构特点，把多风险损失次数和损失金额的联合分布分离为两个部分，在风险间独立的假设下边缘分布的乘积即为联合分布。本书将考虑风险间具有相依关系，用零膨胀二元泊松回归模型来估计联合损失次数，对于损失金额用 GAMLSS 模型来估计。另外，引入二元伽马回归模型来估计相依的损失金额，应用到下一章的损失模型结构中。最后，给出了相依两阶段模型的估计方法，并应用到损失预测、费率厘定和风险管理中。

第三，把 Copula 函数和 GAMLSS 模型有机结合，改进了弗里斯和瓦尔德斯（2008）中的三阶段模型，也是本书的一个理论创新。首先，介绍了三阶段模型的应用背景和数据结构。其次，分析了模型的结构特点，即把赔付次数、赔付类型和损失金额的联合分布分离为三个独立的阶段，分别用负二项分布下的广义线性模型、多项逻辑分布下的回归模型和 t Copula 函数来估计。本书将改进三阶段模型中的第一阶段和第三阶段，选择零膨胀负二项分布下的 GAMLSS 模型和不同 Copula 函数，其中，Copula 函数的边缘损失金额分布也用 GAMLSS 模型估计。再次，讨论了改进模型的估计方法，尤其是对于第三阶段，用两阶段极大似然方法估计 Copula 参数和边缘 GAMLSS 回归模型的参数。最后，应用改进的三阶段模型来预测损失，主要是个体保单累积损失及全体保单的总损失，进而厘定费率，并计算不同水平下的 VaR 和 CTE 等风险度量和经济资本。

第四，把 GAMLSS 模型应用到国内的实际车险损失数据中，改进传统的广义线性模型，选择合适的损失分布和费率因子。首先，介绍了数据的形式和描述统计指标。本书主要分析车辆损失险和第三者责任险的损失数据。其次，分别用传统 Tweedie 分布下的广义线性模型、零调整等分布下的 GAMLSS 模型来拟合累积损失数据，比较了它们的拟合效果，并根据估计出的回归系数分析各费率因子对累积损失的影响。最后，把 GAMLSS 应用到独立两阶段模型中，分别建立损失次数和损失金额模型，通过拟合优度的比较，选择零膨胀负二项分布和伽马分布作为损失次数和损失金额的假设分布。本章应用的模型既在结构上改进了传统的广义线性模型，又可以直接用于估计累积损失，也是下一章相依性复杂模型的基础和组成部分，为其提供了分布假设和变量选择的前提条件。

第五，通过相依风险精算模型在非寿险中的实证研究，来分析相依风险对于实际费率厘定和风险度量的影响。首先，用多项逻辑回归模型拟合赔付类型，用不同的 Copula 函数拟合相依结构下的损失金额，通过分析和比较，选择正态作为连接函数，并估计出边缘 GAMLSS 模型和 Copula 连接函数的参数。其次，用零膨胀二元泊松回归模型拟合相依的损失次数，用二元伽马回归模型拟合相依的损失金额，分析费率因子对相依关系的影响，并估计出各费率因子的模型参数。再次，把 Copula 函数、二元泊松回归模型、伽马回归模型等分别与 GAMLSS 结合，构建两阶段模型和三阶段损失模型，通过比较它们对于总损失的拟合优度和不同模型各自的特点，选择 Copula 函数下的三阶段模型作为适合的相依风险模型。最后，应用选择的相依风险模型估计风险损失来作为纯保费，并用蒙特卡洛随机模型计算 VaR 和 CTE 作为风险度量，进而得到经济资本。通过与传统独立假设模型的比较，分析风险相依性对费率厘定和风险度量的影响。

第六，将实际的车险索赔数据应用于机器学习方法中，并对模型的效果进行对比。利用主流的机器学习方法（决策树、Bagging、Boosting、随机森林、最近邻方法、支持向量机方法、神经网络方法）对数据进行拟合。在得出应用车险索赔数据最优机器学习方法后，深入对神经网络模型在车险索赔发生预测中的应用进行研究。构建径向基神经网络预测索赔发生模型，经过数据验证，径向基神经网络模型能够较好地拟合车险索赔数据。其关键点在于选择合适的隐藏层节点个数，节点个数的选择也需要通过对数据的多次拟合得出。另外，比较广义线性模型与 RBF 神经网络模型的 ROC 曲线和 AUC 值可以发现，两者的数值较为接近，说明在这个数据集中，两者的分类预测性能水平相当。即 RBF 神经网络模型完全不能代替广义线性模型，但可以作为广义线性模型验证和参考的方式，以此来提高索赔预测发生的准确率。

二　创新成果

目前，非寿险精算中广泛应用的是广义线性模型，对于多类别的风险，一般假设它们之间是相互独立的，而且损失分布服从指数分布族。但实践中的很多情况不满足这种独立性假设，比如一次机动车保险赔付经常既有车辆损失又有第三者责任损失，两者具有某种相依关系性，此时，传统独立性假设下的广义线性模型会造成定价不准，风险度量估计有偏差，带来投保人"逆选择"等问题，会严重影响保险公司的经营发展和风险管理。

近年来，关于相依风险模型的研究受到越来越多的重视，尤其是在非寿险精算中的应用，得到了广泛关注。但是，目前大部分研究都仅限于估计损失次数或损失金额，且停留在模型的理论阶段，很少应用于费率厘定和风险度量。Copula 函数是度量相依结构的强大工具，多元分布是解决相依问题的直观方法，GAMLSS 是一种方便灵活的回归模型，本书将把它们有机结合起来，引入符合损失数据特点的分布，建立相依风险精算模型，并应用于费率厘定和风险度量中，改进传统定价方法的缺陷和不足，分析风险相依性的影响。机器学习方法侧重于训练计算机如何使用数据来解决问题，能够更精确、更快速地处理数据，得出合理的结果。本书的相关研究是金融保险和风险管理中的一个热点问题，也是一个较新的研究方向。

本书的主要创新点如下：

（1）用 GAMLSS 模型改进传统的广义线性模型，应用到非寿险定价中。传统的广义线性定价模型一般假设损失分布服从泊松分布、伽马分布等指数分布，不满足损失数据的零膨胀、过离散和右偏厚尾等分布特征。另外，费率因子只影响位置参数，而假设尺度和形状等其他参数不变，这也不符合可能存在的异质性问题。GAMLSS 模型只要求因变量的密度函数对分布参数的一、二阶导数存在即可，大大扩展了指数分布族假设，还可以对位置、尺度和形状等多个分布参数同时建立回归模型，除均值以外，费率因子也可以影响方差、变异系数等。GAMLSS 模型结构灵活，包含广义线性模型等大多数常用的回归模型，对风险损失的估计精度更高。另外，在 GAMLSS 模型中引入的 CS 和 RS 等迭代算法，提高了模型的估计效率，增强了实用性。

（2）把二元泊松回归模型与 GAMLSS 结合，构建相依两阶段模型。传统的两阶段模型是分别用广义线性模型来估计损失次数和损失金额，并假设不同风险间是相互独立的。本书考虑损失次数间具有相依关系，用零膨胀二元泊松回归模型来估计，并用 GAMLSS 模型估计损失金额。本书构建的相依两阶段模型，既考虑了损失次数的零膨胀和过离散等特点，又可以度量费率因子对相依关系的影响。

（3）结合 Copula 函数和 GAMLSS，推广三阶段损失模型。弗里斯和瓦尔德斯（2008）考虑损失金额间的相依关系，构建了一种三阶段损失模型，把赔付次数、赔付类型和损失金额的联合分布分离为三个独立的部分，分别用负二项分布下的广义线性回归模型、多项逻辑模型和椭圆 Copula 连接广义线性模型来估计。本书在此基础上进行了改进和推广：用零膨胀负二项分布下的 GAMLSS 模型估计损失次数，选择冈贝尔、弗克兰、t 和正态等不同 Copula 来构建损失金额间的相依结构，而且边缘损失金额用 GAMLSS 模型估计。另外，还引入二元伽马分布回归模型来估计相依损失金额，这在非寿险精算模型中也是一种新的应用和尝试。推广的三阶段损失模型假设分布选择更广泛，结构更加灵活。

（4）基于商车费改视角，利用径向基神经网络方法建立索赔预测模型。我国正处于商业车险费率改革的关键时期，本书通过对当前保险公司市场表现的研究中发现，造成近年来保险公司盈利能力较差的主要原因在于缺乏精准定价能力，由此导致无法推出与市场需求、市场风险匹配的差异化车险产品。从实际市场角度强调了用现有数据预测未来索赔情况，辅助车险费率精准定价的重要性。利用机器学习分类方法对车险索赔数据进行拟合，并从中选取表现最优的 RBF 神经网络模型进一步搭建索赔模型。一般来说，研究常选用 BP 神经网络模型，但是，经过文献分析和数据研究，发现径向基（RBF）神经网络比 BP 神经网络有更好的特性，更有利于拟合车险数据。

（5）分析国内实际车险数据，用实证方法比较和评价精算模型。本书利用改进的相依风险模型来分析国内的实际车险数据，通过比较不同模型对累积总损失的拟合优度，分析它们的估计精度和应用范围。实证结果表明，改进的相依风险损失模型的拟合效果要优于传统独立假设下的广义线性模型，而很多非寿险损失数据都具有类似的分布特征，因此也同样适用。

（6）研究损失数据分布特征和风险相依性对于费率厘定和风险度量的影响。目前的非寿险精算模型研究大多停留在分析拟合精度阶段，而将精算模型应用于具体的费率厘定和风险管理中则无疑具有更大的实际价值和现实意义。本书对不同精算模型用蒙特卡洛随机模拟的方法，估计实际车险数据的累积总损失，并计算 VaR、CTE 及经济资本。实证结果表明，相依关系会对费率厘定和风险度量带来显著影响。改进的模型可以提高损失的估计精度，厘定更为合理的保险费率，计算更精确的风险度量，评估更为合适的经济资本。

第二章　非寿险损失数据特征及分布

在非寿险精算中，费率厘定的核心是通过建立回归模型进行损失预测，损失数据主要包括损失概率、损失次数、损失金额和累计损失等类型。

第一节　非寿险损失数据结构及分布特征

汽车保险业务通常主要包括保单文档、索赔文档和支付文档三种数据库信息。保单文档包含保单持有人和投保车辆的基本相关信息，如保单号（唯一可识别）、性别、驾龄、婚否、是否续保、保单期限、投保金额、车辆类型、车辆性质、产地、行驶区域等。索赔文档记录保单期间每次事故的索赔记录，包括出险日、报案日、结案日等，它通过保单号与保单文档关联。赔付文档包括每次赔付的具体信息，如各险种的赔付次数和赔付金额等，与索赔文档关联。

目前定价模型分析的数据结构形式主要为：

$$\{X_i, N_{ik}, Y_{ijk}\} \tag{2-1}$$

式中，X_i 为费率因子向量，作为模型的解释变量；N_{ik} 为保单 i 发生第 k 类风险的赔付次数，本书作为损失次数，是非负的离散型因变量；Y_{ijk} 是保单 i 在第 j 次赔付中对应第 k 类风险的赔付金额，本书作为损失金额，是正的连续型因变量，$j = 1, \cdots, N_i$ 代表赔付次数。这种由损失次数和金额两部分组成的数据结构是最常见的损失数据形式。

相对于泊松、正态等常用分布，非寿险保单在一个保险期间的损失数据通常具有零膨胀、过离散、右偏和厚尾等分布特征。

（1）很多保单在保险期间没有索赔发生，因此，损失次数在零点处具有较大的概率堆积，即零膨胀特征。零膨胀特征在保险领域经常出现，一般的离散分布不满足这一特征，可以通过增加零点的额外概率构造零膨胀分布来实现。

（2）相对于泊松分布，实际保单损失次数分布的方差往往远远大于均值，这称为过离散或额外泊松变异，它是由实际数据中很多不可观测到的异质性所带来的。此时，选择负二项等方差大于均值的分布假设更为合适。在非寿险定价中，把保单按费率因子划分为不同的组，组内具有相同的风险属性，通过建立回归模型来解决异质性问题。

（3）损失次数和损失金额一般都是非负的，一些保单在保险期间的损失可能很大，分布的右尾较长，具有明显的右偏和厚尾特征。对于损失金额分布，通常以指数分布为参照，分为厚尾和轻尾两大类，比指数分布更厚时称为厚尾分布，即满足：

$$\lim_{x \to \infty} \frac{\overline{F}(x)}{\exp(-\theta x)} \to \infty, \ \theta > 0 \qquad (2-2)$$

第二节　损失次数分布

为了模型简单、计算方便，通常假设损失次数服从单参数的泊松分布（PO），但这往往不符合非寿险损失次数的零膨胀和过离散等特征。为此，我们引入负二项（NB）、零膨胀泊松（ZIP）和零膨胀负二项分布（ZINB）等分布。其中，最一般的是零膨胀负二项分布（ZINB），其概率函数为：

$$P(Y=y) = \begin{cases} p + (1-p)\left(1 + \dfrac{\mu}{\sigma}\right)^{-\sigma} & y = 0 \\ (1-p)\dfrac{\Gamma(y+\sigma)}{y!\,\Gamma(\sigma)}\left(1+\dfrac{\mu}{\sigma}\right)^{-\sigma}\left(1+\dfrac{\mu}{\sigma}\right)^{-y} & y = 1,2,3,\cdots \end{cases}$$

$$(2-3)$$

ZINB 分布的均值为 $\mu(1-p)$，方差为 $\mu(1-p)(1+p\mu+\mu/\sigma)$。

特别地，对于零膨胀负二项分布，当 $\sigma\to\infty$ 时，即为零膨胀泊松，均值和方差分别为 $\mu(1-p)$ 和 $\mu(1-p)(1+p\mu)$；当 p=0 时，即为负二项分布，均值和方差分别为 μ 和 $\mu(1+\mu/\sigma)$；进一步地，当 p=0 且 $\sigma\to\infty$ 时，即为泊松分布，均值和方差都为 λ。

实际上，上述分布都是在泊松分布基础上所做的变换和调整，负二项分布是混合伽马泊松分布；而零膨胀泊松分布是对泊松分布增加零点的额外概率，即两点分布与泊松分布的混合。

零膨胀负二项分布将零点的取值可分为抽样零和额外零两类。抽样零概率为 $(1-p)(1+\mu/\sigma)$，是负二项分布中零点取值的概率；额外零概率为 p，是重新分配的堆积概率。相对于传统损失分布只有抽样零，零膨胀负二项分布中的额外零增加了在零点处的概率，额外零概率 p 的取值可以由实际数据估计得到。当然，也可以根据具体情况需要推广到 1、2、3 等其他额外值的形式，来增加对应点取值的概率，但是，在应用中，一般只考虑额外零。对于其他零膨胀型分布也有类似的解释。

第三节 损失金额分布

一 常用损失金额分布介绍

常用来拟合损失金额的分布主要有伽马分布（GA）、对数正态分布（LNO）、帕累托分布（PARETO）、逆高斯分布（IG）等，下面是 Rigby 和 Stasinopoulos（2005）介绍的各分布的密度函数：

伽马分布 GA（μ，σ）：

$$f(y) = \frac{1}{(\sigma^2 m)^{1/\sigma^2}} \frac{y^{1/\sigma^2 - 1} \exp[-y/(\sigma^2 \mu)]}{\Gamma(1/\sigma^2)} \tag{2-4}$$

式中，y、μ、$\sigma > 0$，$E[Y] = \mu$，$\mathrm{VaR}[Y] = \sigma^2 \mu^2$。

逆高斯分布 IG（μ，σ）：

$$f(y) = \frac{1}{\sqrt{2\pi\sigma^2 y^3}} \exp\left[-\frac{1}{2\mu^2\sigma^2 y}(y-\mu)^2\right] \tag{2-5}$$

式中，y、μ、$\sigma > 0$，$E[Y] = \mu$，$\mathrm{VaR}[Y] = \sigma^2 \mu^3$。

对数正态分布 LNO（μ，σ）：

$$f(y) = \frac{1}{\sqrt{2\pi\sigma^2}} \frac{1}{y} \exp\left\{-\frac{[\log(y)-\mu]^2}{2\sigma^2}\right\} \tag{2-6}$$

式中，y、μ、$\sigma > 0$，$E[Y] = \omega^{1/2} e^{\mu}$，$\mathrm{VaR}[Y] = \omega(\omega-1)e^{2\mu}$。

帕累托分布 Pareto（μ，σ）：

$$f(y) = \frac{\sigma\mu^{\sigma}}{(y+\mu)^{\sigma+1}} \tag{2-7}$$

式中，y、μ、$\sigma > 0$，$E[Y] = \mu/(\sigma-1)$，$\mathrm{VaR}[Y] = \sigma\mu^2/[(\sigma-1)^2(\sigma-2)]$。

（5）GB2 分布，记 μ、σ、υ、τ 分别为分布的位置、尺度、偏度和峰度参数，则 GB2 分布的密度函数为：

$$f(y|\mu, \sigma, \upsilon, \tau) = \frac{\Gamma(\nu+\tau)}{\Gamma(\nu)+\Gamma(\tau)} \frac{\sigma(y/\mu)^{\sigma\nu}}{y[1+(y/\mu)^{\sigma}]^{\nu+\tau}} \tag{2-8}$$

式中，$\mu > 0$，$\nu > 0$，$\tau > 0$，期望为 $E(Y) = \mu B(\upsilon+1/\sigma, \tau-1/\sigma)/B(\upsilon, \tau)$，二阶原点矩为 $E(Y^2) = \mu^2 B(\upsilon+2/\sigma, \tau-2/\sigma)/B(\upsilon, \tau)\upsilon$。它是一类较为灵活的四参数分布，包括伽马分布、帕累托分布和对数正态分布等为其特殊或极限形式。

二　损失金额分布的尾部特征

设 X 和 Y 为连续型非负损失随机变量，分布函数分别记为 F(x) 和 G(x)，生存函数为 $\overline{F}(x)$ 和 $\overline{G}(x)$，密度函数为 f(x) 和 g(x)，失效率函数为 $h_1(x) = f(x)/\overline{F}(x)$ 和 $h_2(x) = g(x)/\overline{G}(x)$。克鲁格曼等

（Klugman et al.，2012）探讨了刻画和比较尾部分布特征的以下常用方法：

（1）生存函数或密度函数的极限法：若损失随机变量 X 与 Y 的生存函数之比的极限趋于无穷，即 $\lim\limits_{x\to\infty}\overline{F}(x)/\overline{G}(x)\to\infty$ 时，则 X 的尾部比 Y 更厚。应用罗比达法则，这等价于密度函数比值的极限趋于无穷，即 $\lim\limits_{x\to\infty}f(x)/g(x)\to\infty$。在应用极大似然法估计模型参数时，通常会对密度函数进行对数变换，因此，进一步的等价有 $\lim\limits_{x\to\infty}[\ln f(x)-\ln g(x)]\to\infty$。

（2）矩函数法：若只存在有限阶的原点矩，或任意正阶原点矩都不存在，则损失分布的尾部较厚；若所有正阶原点矩都存在时，则损失分布的尾部较轻。

（3）失效率函数法：当损失随机变量的失效率函数 h(x) 递减（不增）时，损失分布的尾部较厚；当失效率函数递增（不减）时，损失分布的尾部较轻；当两个损失随机变量的失效率函数比值 $h_1(x)/h_2(x)$ 是增函数时，X 比 Y 的尾部更厚。由于指数分布的失效率函数是常数，因此，可以作为判断损失分布尾部特征的基准，即若尾部比指数分布厚时则统称为厚尾分布。

在刻画损失分布的尾部特征时，上述方法的结论基本一致，其中密度函数极限法在应用中更为灵活、方便。

按照对数密度函数的极限形式不同，连续型损失随机变量的尾部特征可以划分为三种类型，即当 x→∞ 时，$\ln f_X(x)$ 的极限形式分别为 Ⅰ 型即 $k_2(\ln x)^{k_1}$、Ⅱ 型即 $k_4 x^{k_3}$ 和 Ⅲ 型即 $k_6 e^{k_5 x}$。三种分布类型的厚尾程度依次递减，Ⅰ 型最厚，Ⅱ 型次之，Ⅲ 型最轻。在每一种类型中，尾部随着特征参数 $k_i(i=1,\cdots,6)$ 的减小而变厚，比如，对于 Ⅰ 型厚尾分布，k_1 越小，尾部越厚；当 k_1 相等时，k_2 越小，尾部越厚。

在三种厚尾分布类型下，它们的双对数生存函数 $\ln\{-\ln[\overline{F}(x)]\}$ 的尾部极限形式分别为 $\ln k_2 + k_1\ln[\ln(x)]$、$\ln k_4 + k_3\ln x$ 和

$lnk_6 + k_5x$，所以，三种厚尾分布类型的 $ln\{-ln[\overline{F}(x)]\}$ 分别与 $ln[lnx]$、lnx 和 x 的散点图呈渐近线性关系。有鉴于此，对于特定的样本数据，我们可以根据下述方法选择分布类型：

（1）截取一部分尾部数据（通常是右尾 5% 或 10%），分别绘制 $ln\{-ln[1-(i-0.5)/n]\}$ 与 $ln[lnx_{(i)}]$、$lnx_{(i)}$ 和 $x_{(i)}$ 的散点图，根据渐近线性关系，初步判断厚尾分布类型，其中，$x_{(i)}$ 为从 n 个样本中选取的第 i 个顺序统计量型。

（2）由尾部数据分别估计 $ln\{-ln[\overline{F}(x_i)]\}$ 对 $ln[ln(x_i)]$、lnx_i 和 x_i 的三个线性回归模型参数，进而计算相应的尾部类型参数 k_i。

（3）比较三种双对数生存函数的线性拟合效果和均方误差，选取最优的尾部类型。

在非寿险精算中，常用的损失金额分布有指数、伽马分布、帕累托分布、对数正态分布、威布尔分布和逆高斯分布等。而 GB2 分布（Generalized beta of the second kind，二型广义贝塔）是一类更为灵活的四参数分布，而伽马分布、帕累托分布和对数正态分布等形式可以看作是其特例（McDonald，1995）。

通过计算对数密度函数的极限形式可知，GB2 分布尾部最厚，它与帕累托分布、对数正态分布都是 I 型厚尾分布，而指数分布、伽马分布、威布尔分布和逆高斯分布是 II 型厚尾分布。

第四节 累计损失分布

假设损失次数为随机变量 N，第 i 次损失的金额为随机变量 Y_i，每次的损失金额为独立同分布，则累计损失为 $S = \sum_{i=1}^{N} Y_i$，均值为 $E(S) = E(N)E(Y)$，方差为 $VaR(S) = E(N)VaR(Y) + VaR(N)[E(Y)]^2$。通常有两种方法获得累计损失的分布：一种是分别拟合损失次数和金额，再做复合计算；另一种是选择合适的分布直接进行拟合。

目前，实际应用中广泛应用的是复合方法，它的优点是：损失次数和金额分布特点与影响因素不同，分别估计更加灵活精确；缺点是：复合后的分布形式不易确定，需要采用卷积法、近似计算、递推计算或随机模型等方法估计。

在实际应用中，需要根据损失数据的具体形式，选择不同的拟合方法。比如，若仅有累积损失金额数据，而没有损失次数数据，或者只有分类汇总的累积损失金额数据，那么唯一可行的方法就是直接建立纯保费预测模型。

而用累计损失直接拟合的方法，分布形式更为直观，除均值和方差外，还可以较为方便地得到 VaR 和 CTE 等风险度量。其局限性是需要选择合适的分布，目前，非寿险中常用的是累计损失假设分布是 Tweedie 分布。

Tweedie 分布属于指数分布族中的一类，可记为 $Tw_p(\theta, \phi)$，由方差函数 $V(\mu) = \mu^p$ 完全确定，其中，θ 和 ϕ 分别为指数分布族中的规范参数和离散参数，p 的取值在区间 $(-\infty, 0] \cup [1, +\infty)$。Tweedie 分布包括几种常见的分布作为其特例，如 $p = 0$、1、2、3 分别对应于正态分布、泊松分布、伽马分布和逆高斯分布。对于一般的 p 值，Tweedie 分布没有显式的密度函数。当 $1 < p < 2$ 时，Tweedie 分布对应于泊松—伽马的复合分布，在零点有概率堆积，此时可以用来拟合个体保单的总赔付金额数据，可以用极大似然法来选择最优的 p 值，但当实际应用中的数据量很大时，估计效率会较低，此时也可以选择经验的 p 值。一般来说，当 p 值在小范围内变化时，对模型总体估计的影响不是很大。

此外，考虑到损失次数具有零膨胀特点，可以用零调整损失金额分布来拟合累计损失，包括有零调整逆高斯分布和零调整伽马分布等。假设个体保单的损失数服从 0—1 分布，而每次的损失金额服从逆高斯分布或伽马分布，也就是在一个保险期间，一份保单要么发生索赔且保险期间的累积赔付额服从逆高斯分布或伽马分布，要么没有发生索赔从而整个保险期间的累积赔付额为零，此时的累积损失就是一个混合分布。

若假设累积损失变量是一个在零点有概率堆积的离散型退化分布和一个连续的逆高斯分布的混合，即为零调整逆高斯分布，参照赫勒等（Heller et al.，2006），其密度函数可以表示为如下混合分布形式：

$$f(y) = \begin{cases} \pi & y = 0 \\ (1 - \pi) \times \dfrac{1}{(\sigma^2 \mu)^{1/\sigma^2}} \dfrac{y^{1/\sigma^2 - 1} e^{-y/(\sigma^2 \mu)}}{\Gamma(1/\sigma^2)} & y > 0 \end{cases} \quad (2-9)$$

式中，y 为累积损失额，π 为无损失发生的概率，μ 和 σ 分别表示逆高斯分布的参数，$E(Y) = (1 - \pi)\mu$，$\mathrm{VaR}(Y) = (1 - \pi)\mu^2(\pi + \sigma^2)$。

类似地，零调整伽马分布的密度函数为：

$$f(y) = \begin{cases} \pi & y = 0 \\ (1 - \pi) \times \dfrac{1}{\sqrt{2\pi y^3}\sigma} \exp\left[-\dfrac{1}{2y}\left(\dfrac{y - \mu}{\mu\sigma}\right)^2 \right] & y > 0 \end{cases} \quad (2-10)$$

式中，$E(Y) = (1 - \pi)\mu$，$\mathrm{VaR}(Y) = (1 - \pi)\mu^2(\pi + \mu\sigma^2)$。

第五节　损失分布的尾部特征比较

一　常用损失模型的风险序

损失可以表示非负随机变量，为了便于讨论，下面首先定义随机序概念以及损失金额和损失次数模型。

定义 2.1　两个非负随机变量 X 和 Y，对任意的 $x \in R$，

（1）若 $F_X(x) \geq F_Y(x)$，则称 X 在随机序意义下小于 Y，记为 $X \leq_{st} Y$，或称风险 Y "大于"风险 X。此时，$E[X] \leq E[Y]$，只有当 X 和 Y 同分布时，$E[X] = E[Y]$。

（2）若 X 比 Y 具有较小的止损保费，即若 $E[(X - x)_+] \leq E$

$[(Y-x)_+]$，则称 X 在止损序意义下小于 Y，记为 $X \leqslant_{SL} Y$。特别地，当 $x = 0$ 时，有 $E[X] \leqslant E[Y]$；进一步地，当 $E[X] = E[Y]$ 时，有 $VaR[X] \leqslant VaR[Y]$。

下面是证明中要用到的一些定义和引理。

定义 2.2　对于两个风险 X 和 Y，如果 $E[X] = E[Y]$，且存在某个实数 ξ，使得：当 $x < \xi$ 时，$Pr[X \leqslant x] \leqslant Pr[Y \leqslant x]$；当 $x > \xi$ 时，$Pr[X \leqslant x] \geqslant Pr[Y \leqslant x]$，则称 Y 的尾重于 X 的尾，或称风险 Y "更危险"。注：这种关系不满足传递性。

引理 2.1　止损序具有如下性质：

（1）对于两个非负随机变量 X 和 Y，若 $X \leqslant_{st} Y$，则 $X \leqslant_{SL} Y$。

（2）若非负随机变量 M、N、X、Y 满足 $M \leqslant_{SL} N$，$X \leqslant_{SL} Y$，X_i 和 Y_i 分别是与 X 和 Y 独立同分布的非负随机变量，则 $X_1 + X_2 + \cdots + X_M \leqslant_{SL} Y_1 + Y_2 + \cdots + Y_N$。

（3）若非负随机变量满足 $X \leqslant_{SL} Y$ 和 $Y \leqslant_{SL} Z$，则 $X \leqslant_{SL} Z$。

引理 2.2　对于两个风险 X 和 Y，有如下性质：

（1）随机序的一个充分条件是：两个随机变量的概率密度函数满足：对某个 ξ，当 $x < \xi$ 时，$f_X(x) \geqslant f_Y(x)$；当 $x > \xi$ 时，$f_X(x) \leqslant f_Y(x)$。

（2）假设它们具有相同的均值，但有不同的概率密度函数 f_X 和 f_Y。如果存在区间 I_1、I_2 和 I_3 满足 $I_1 \cup I_2 \cup I_3 = [0, \infty)$（$I_2$ 在 I_1 和 I_3 中间），使在 I_1 和 I_3 上，$f_X(x) \leqslant f_Y(x)$，但在 I_2 上 $f_X(x) \geqslant f_Y(x)$，则 X 和 Y 的分布函数仅交叉一次。

引理 2.3　若风险 Y 的尾重于风险 X，则 $X \leqslant_{SL} Y$。

引理 2.4　$X \leqslant_{SL} Y$ 的充要条件是对任意单调增凸函数 $v(\cdot)$ 有 $E[v(X)] \leqslant E[v(Y)]$，或对任意单调增凹效用函数 $u(\cdot)$ 有 $E[u(-X)] \geqslant E[u(-Y)]$。

下面给出在均值相等的条件下，损失分布模型之间的止损序比较关系。

定理 2.1　对于均值相等的损失金额模型，有 $GM(\alpha, \beta) \leqslant_{SL}$

$\exp(\theta) \leqslant_{SL} \text{Pareto}(\alpha, \beta)$。其中，$\gamma$ 分布的参数 $\alpha > 1$，帕累托分布的参数 $\alpha > 2$。

证明：首先证明 $\gamma(\alpha, \beta) \leqslant_{SL} \text{Exp}(\theta)$。

比较随机变量 $X_1 \sim \exp(\theta)$ 和 $X_2 \sim \gamma(\alpha, \beta)$，令它们的均值相等，即 $1/\theta = \alpha/\beta$。考虑它们的密度函数之比：

$$\frac{f_{X_2}}{f_{X_1}} = \frac{\frac{\beta^\alpha x^{\alpha-1}}{\Gamma(\alpha)} e^{-\beta x}}{\theta \exp(-\theta x)} = \frac{\beta^\alpha}{\theta \Gamma(\alpha)} x^{\alpha-1} \exp\left[(\theta - \beta)x\right] \quad (2-11)$$

对 x 求导，并令 $\theta = \beta/\alpha$，整理后可得：

$$\frac{\beta^\alpha}{\theta \Gamma(\alpha)} x^{\alpha-2} \exp\left[\beta(1/\alpha - 1)x\right]\left[\alpha - 1 + \beta(1/\alpha - 1)x\right] \quad (2-12)$$

当 $\alpha > 1$ 时，式（2-12）在 $0 < x < \alpha/\beta$ 时为正，在 $x > \alpha/\beta$ 时为负，即只在均值处改变符号，所以，密度比值穿过水平线 1 至多两次；而两个密度函数有相同的均值，故由定义 2.1 可知，不存在随机序关系（否则它们同分布），密度比值穿过水平线 1 大于一次。因此，密度比值恰好穿过水平线 1 两次，即密度函数交叉两次。由引理 2.2 可知，密度函数相互交叉两次意味着对应分布函数相互交叉一次，再由定义 2.2 可知，两者中有一个更危险。两者存在止损序关系，且方差大的在止损序下大，即 $\gamma(\alpha, \beta) \leqslant_{SL} \exp(\theta)$。当 $0 < \alpha < 1$ 时，同理，有 $\gamma(\alpha, \beta) \geqslant_{SL} \exp(\theta)$。

同理可证，均值相等且 $\alpha > 2$ 时，$\exp(\theta) \leqslant_{SL} \text{Pareto}(\alpha, \beta)$。

由止损序的递推性质，可得 $\gamma(\alpha, \beta) \leqslant_{SL} \exp(\theta) \leqslant_{SL} \text{Pareto}(\alpha, \beta)$，其中，伽马分布的参数 $\alpha > 1$，帕累托分布的参数 $\alpha > 2$。

注意：等均值下对数正态分布和逆高斯分布分别与伽马分布、指数分布和帕累托分布在止损序下比较时，改变参数可能得到不同的止损序关系。例如，逆高斯分布，参数改变时，它可能比等均值的伽马分布尾部重（进而在止损序下大），也可能尾部轻（进而在止损序下小）。

定理 2.2 对于常用的两参数损失分布族，当它们的均值相等时，存在下面的风险比较关系：

（1）对数正态分布族：μ 越小或 σ 越大，变量在止损序下越大；当 μ 相等时，σ 越大，变量在随机序下越大；当 σ 相等时，μ 越大，变量在随机序下越大。

（2）帕累托分布族：α 或 β 越小，变量在止损序下越大；当 α 相等时，β 越大，变量在随机序下越大；当 β 相等时，α 越大，变量在随机序下越大。

（3）逆高斯分布族：α 或 β 越小，变量在止损序下越大；当 α 相等时，β 越小，变量在随机序下越大；当 β 相等时，α 越大，变量在随机序下越大。

（4）伽马分布族：α 或 β 越小，变量在止损序下越大；当 α 相等时，β 越小，变量在随机序下越大；当 β 相等时，α 越大，变量在随机序下越大。

证明：对于对数正态分布，比较变量 $X \sim LN(\mu, \sigma)$ 和 $X_0 \sim LN(\mu_0, \sigma_0)$。当均值相等时，令 $\mu + 0.5\sigma^2 = \mu_0 + 0.5\sigma_0^2 = \ln(E[X]) = c$，$\mu > \mu_0$。考虑它们的密度函数之比：

$$\frac{f_X}{f_{X_0}} = \frac{\dfrac{1}{x\sigma\sqrt{2\pi}}\exp\left\{\dfrac{[\ln(x)-\mu]^2}{-2\sigma^2}\right\}}{\dfrac{1}{x\sigma_0\sqrt{2\pi}}\exp\left\{\dfrac{[\ln(x)-\mu_0]^2}{-2\sigma_0^2}\right\}}$$

$$= \frac{\sigma_0}{\sigma}\exp\left\{\frac{[\ln(x)-\mu_0]^2}{2\sigma_0^2} - \frac{[\ln(x)-\mu]^2}{2\sigma^2}\right\} \qquad (2-13)$$

对 x 求导，令 $\sigma_1^2 = 2c - 2\mu_1$，$\sigma_0^2 = 2c - 2\mu_0$，整理后可得：

$$\frac{\sqrt{2c-2\mu_0}}{2\sqrt{2c-2\mu}x}\exp\left\{\frac{[\ln(x)-\mu_0]^2}{4c-4\mu_0} - \frac{[\ln(x)-\mu]^2}{4c-4\mu}\right\}$$

$$\left[\frac{(\ln(x)-c)(\mu_0-\mu)}{(c-\mu_0)(c-\mu)}\right] \qquad (2-14)$$

当 x > 0 时，式（2 - 14）只在 $x = e^c = E[X]$ 处改变一次符号，类似于定理 2.1 的证明，可得 $X_0 \leqslant_{SL} X$。

当 $\mu < \mu_0$、$\sigma^2 > \sigma_0^2$，且 $\mu + 0.5\sigma^2 < \mu_0 + 0.5\sigma_0^2$ 时，在 x = 0 处，

有 $E[(X-0)_+] = E[X] \leqslant E[X_0] = E[(X_0 - 0)_+]$。

当 $x \to \infty$ 时，应用两次洛必达法则可得：

$$\lim_{x \to \infty} \frac{E[(X-x)_+]}{E[(X_0-x)_+]} = \lim_{x \to \infty} \frac{F_X(x) - 1}{F_{X_0}(x) - 1} = \lim_{x \to \infty} \frac{f_X(x)}{f_{X_0}(x)}$$

$$= \lim_{x \to \infty} \frac{\sigma_0}{\sigma} \exp\left[\frac{(\sigma - \sigma_0)(\ln x)^2 - 2(\sigma\mu_0 - \sigma_0\mu)\ln x + \sigma\mu_0^2 - \sigma_0\mu^2}{2\sigma\sigma_0} \right] \to \infty$$

$$(2-15)$$

故此时两者不存在止损序关系。

同理可证，当 $\mu < \mu_0$、$\sigma^2 > \sigma_0^2$、$\mu + 0.5\sigma^2 < \mu_0 + 0.5\sigma_0^2$ 时，也不存在止损序关系。

当 $\mu = \mu_0$ 时，若 $\sigma > \sigma_0$，由定义 2.1 和引理 2.3 易知，$F_{X_0}(x) > F_X(x)$，所以 $X_0 \leqslant_{st} X$。同理，当 $\sigma = \sigma_0$ 时，若 $\mu > \mu_0$，则 $X_0 \leqslant_{st} X$。

上述结论如图 2-1 所示，在 (μ, σ^2) 的上半平面，由三条相交直线 $\mu = \mu_0$、$\sigma = \sigma_0$ 和 $\mu + \sigma^2/2 = \mu_0 + \sigma_0^2/2$ 划分成的六个区域中，位于 (μ_0, σ_0^2) 左下方 1/4 区域的分布以随机序小于 $\ln(\mu_0, \sigma_0^2)$；位于 (μ_0, σ_0^2) 右上方 1/4 区域的分布以随机序大于 $\ln(\mu_0, \sigma_0^2)$；位于 (μ_0, σ_0^2) 左上方、直线 $\mu + 0.5\sigma^2 = \mu_0 + 0.5\sigma_0^2$ 上方区域的分布在止损序下大于 $\ln(\mu_0, \sigma_0^2)$；位于 (μ_0, σ_0^2) 右下方、直线 $\mu + 0.5\sigma^2 = \mu_0 + 0.5\sigma_0^2$ 下方的分布在止损序下小于 $\ln(\mu_0, \sigma_0^2)$。而位于 (μ_0, σ_0^2) 左上方、直线 $\mu + 0.5\sigma^2 = \mu_0 + 0.5\sigma_0^2$ 下方区域的分布，其均值较之 $\ln(\mu_0, \sigma_0^2)$ 更低，但当 $x \to \infty$ 时，止损保费更高；位于 (μ_0, σ_0^2) 右下方、直线 $\mu + 0.5\sigma^2 = \mu_0 + 0.5\sigma_0^2$ 上方区域的分布，其均值较之 $\ln(\mu_0, \sigma_0^2)$ 更高，但当 $x \to \infty$ 时，止损保费更低。

其他三个分布族的结论（见图 2-2 和图 2-3）可同理得证。

类似地，可以得到损失次数模型的止损序关系。

定理 2.3 对于均值相等的损失次数模，$B(n, p) \leqslant_{SL} \text{Poisson}(\lambda) \leqslant_{SL} NB(r, \beta)$。

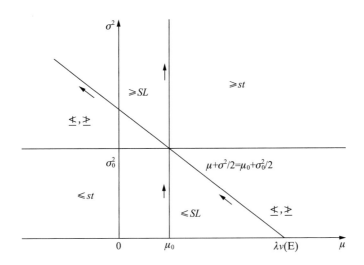

图 2－1　对数正态分布下的序关系

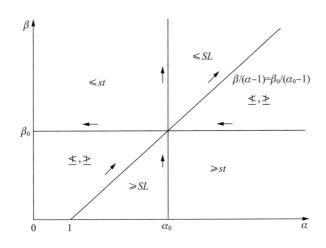

图 2－2　帕累托分布下的序关系

定理 2.4　常用的两参数损失次数分布族，存在下面的风险比较关系：

（1）对于负二项分布族的随机变量，当均值相等时，r 越小或 β 越大，变量在止损序下越大；当 r 相等时，β 越大，变量在随机序

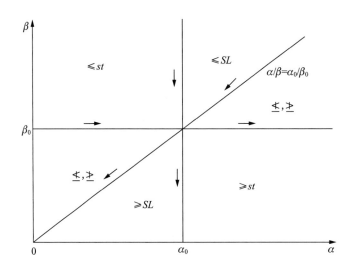

图 2-3 逆高斯分布和伽马分布下的序关系

下越大；当 β 相等时，r 越大，变量在随机序下越大。

（2）对于二项分布族的随机变量，当均值 np 相等时，p 越小或 n 越大，变量在止损序下越大；当 n 相等时，p 越大，变量在随机序下越大；当 p 相等时，n 越大，变量在随机序下越大。

定理 2.5 对于复合损失分布模型 $S = X_1 + X_2 + \cdots + X_N$，当损失金额 X 选择等均值的伽马分布、指数分布或帕累托分布，而损失次数 N 选择等均值的二项分布、泊松分布或负二项分布时，有相应的止损序比较关系，如图 2-4 所示。

二项分布—伽马分布 $\leqslant_{SL}$ 泊松分布—伽马分布 $\leqslant_{SL}$ 负二项分布—伽马分布

　　　 $\geqslant_{SL}$ 　　　　　　　　 $\geqslant_{SL}$ 　　　　　　　 $\geqslant_{SL}$

二项分布—指数分布 $\leqslant_{SL}$ 泊松分布—指数分布 $\leqslant_{SL}$ 负二项分布—指数分布

　　　 $\geqslant_{SL}$ 　　　　　　　　 $\geqslant_{SL}$ 　　　　　　　 $\geqslant_{SL}$

二项分布—帕累托分布 $\leqslant_{SL}$ 泊松分布—帕累托分布 $\leqslant_{SL}$ 负二项分布—帕累托分布

图 2-4 常见复合分布的止损序关系

证明：由止损序的传递性和复合封闭性即可得证。

上述定理提供了一个在实际应用中选择损失分布模型的方法。对于损失金额数据，可先考虑单参数的指数分布模型，再根据尾部拟合的轻重情况考虑伽马分布或帕累托分布，若不理想再考虑对数正态分布或逆高斯分布。对于损失次数模型，可先考虑指数分布，再由尾部的轻重考虑二项分布或负二项分布。对于集体风险模型 S = $X_1 + X_2 + \cdots + X_N$，可先选择泊松—指数分布，再根据损失数据尾部的轻重分别调整成适当的损失金额和损失次数模型进行复合。

二　不同保费原理对风险序的保持情况

保费原理是将一个损失随机变量转化为实际保费的规则。Young（2004）较为系统地讨论了保费原理中常见的 15 条性质，下面我们进一步讨论不同保费原理对于风险序的保持情况。

定义 2.3　一些常见的保费原理如下（Tan，Weng et al.，2009；Young，2004）：

（1）纯保费原理：$\pi[X] = E[X]$，又称等价原理，只适用于风险中性的保险人。

（2）期望值原理：$\pi[X] = (1 + \beta)E[X]$，$\beta > 0$，附加保费等于 $\beta E[X]$。

（3）平均值原理：$\pi[X] = \sqrt{E[X^2]} = \sqrt{(E[X])^2 + D[X]}$。

（4）p 平均值原理：$\pi[X] = (E[X^p])^{1/p}$，$p > 1$。

（5）指数原理：$\pi[X] = 1/\beta \log E[\exp(\beta X)]$，$\beta > 0$ 称为风险厌恶系数。

（6）零效用原理：$\pi[X] \leftarrow u(0) = E\{u(\pi[X] - X)\}$，通常假定效用函数 $u(\cdot)$ 为单调非降凹函数；当 $u(x) = (1 - e^{-\beta x})/\beta$ 时，可以得到指数保费；当 $u(x)$ 为线性函数时，可以得到纯保费。

（7）广义平均值原理：$\pi[X] = v^{-1}\{E[v(X)]\}$，$v(\cdot)$ 为一个单调增凸的函数，当 $v(x) = x$ 时，对应纯保费；当 $v(x) = e^{\beta x}$ 时，对应指数保费。

（8）最大损失原理：$\pi[X] = \min\{x \mid F_X(x) = 1\}$，作为其他原

理的极限情况出现。

（9）荷兰保费原理：$\pi[X] = E[X] + \beta E\{X - E[X]\}_+$，$0 < \beta \leq 1$。

（10）半方差原理：$\pi[X] = E[X] + \beta E\{X - E[X]\}_+^2$，$\beta > 0$。

（11）TVAR 保费原理：$\pi[X] = \dfrac{1}{p}\int_{1-p}^{1} F_X^{-1}(x)\,dx$，$0 < p < 1$。

（12）半偏差原理：$\pi[X] = E[X] + \beta\{E[X - E[X]]_+^2\}^{1/2}$，$0 < \beta < 1$。

（13）方差原理：$\pi[X] = E[X] + \beta D[X]$，$\beta > 0$，附加保费与方差 $D[X]$ 成正比。

（14）标准差原理：$\pi[X] = E[X] + \beta\sqrt{D[X]}$，$\beta > 0$，附加保费与标准差成正比。

（15）混合原理：$\pi[X] = E[X] + \beta D[X]/E[X]$，$\beta > 0$。

（16）修正的方差原理：$\pi[X] = E[X] + \beta\sqrt{D[X]} + \gamma D[X]/E[X]$，$\beta$、$\gamma > 0$。

（17）百分比原理：$\pi[X] = \min\{x \mid F_X(x) \geq 1 - p\}$，保险人损失的概率至多为 p。

（18）广义百分位原理：$\pi[X] = E[X] + \beta\{F_X^{-1}(1 - p) - E[X]\}$，$0 < \beta$，$p < 1$。

（19）协方差原理：$\pi[X] = E[X] + 2\beta D[X] - \beta \mathrm{Cov}(X, Y)$，$\beta > 0$，Y 是一个随机变量。

（20）二次效用原理：$\pi[X] = E[X] + \gamma - \sqrt{\gamma^2 - D[X]}$，$\gamma > 0$，$\gamma^2 \geq D[X]$。

定理 2.6 对于定义 2.3 中的保费原理，（1）—（12）保持止损序的比较关系，即在止损序下的低风险对应低保费；保费原理（13）—（20）不保持止损序的比较关系，即在止损序下的低风险不一定对应低保费。

证明：由定义 2.3 中各种保费原理的表达形式易知，保费原理（1）和原理（5）是原理（6）的特殊情况，保费原理（3）是原理

（4）的特殊情况，保费原理（8）是原理（5）和原理（17）的极限情况，保费原理（15）是原理（19）的特殊情况。故下面只需证明保费原理（2）、原理（4）、原理（6）、原理（7）、原理（9）、原理（10）、原理（11）、原理（12）在止损序下的低风险对应低保费，而对保费原理（13）、原理（14）、原理（15）、原理（16）、原理（17）、原理（18）、原理（20）给出反例即可。令 $X \leqslant_{SL} Y$。

对于保费原理（2），由定义 2.1 可知，当 $X \leqslant_{SL} Y$ 时，有 $E[X] \leqslant E[Y]$。

对于保费原理（4）、原理（10）和原理（11），x^p 和 $\{x - E[X]\}_+^2$ 都是 x 的增凸函数，故有 $X \leqslant_{SL} Y \Rightarrow E[X^p] \leqslant E[Y^p])]$

$$E\{X - E[X]\}_+^2 \leqslant E\{Y - E[Y]\}_+^2$$

所以

$$\{E[X^p]\}^{1/p} \leqslant \{E[Y^p]\}^{1/p}$$

$$E[X] + \beta E\{X - E[X]\}_+^2 \leqslant E[Y] + \beta E\{Y - E[Y]\}_+^2$$

$$E[X] + \beta\{E[X - E[X]]_+^2\}^{1/2} \leqslant E[Y] + \beta\{E[Y - E[Y]]_+^2\}^{1/2}$$

对于保费原理（6），由效用均衡方程有：

$$E\{u[w + \pi[X] - X]\} = E\{u[w + \pi[Y] - Y]\} = u(w)$$

其中，w 是当前财富，$u(\cdot)$ 为增凹效用函数，$u\{w + \pi[Y] - X\}$ 为关于 X 的增凹函数。当 $X \leqslant_{SL} Y$ 时，$E\{u[w + \pi[Y] - X]\} \geqslant E\{u[w + \pi[Y] - Y]\} = E\{u[w + \pi[X] - X]\}$，而 $u(w + P - X)$ 关于 P 递增，所以 $\pi[X] \leqslant \pi[Y]$。

对于保费原理（7），v(x) 是增凸函数，$v^{-1}(x)$ 是增函数，有：

$$X \leqslant_{SL} Y \Rightarrow E[v(X)] \leqslant E[v(Y)]$$

故 $v^{-1}\{E[v(X)]\} \leqslant v^{-1}\{E[v(X)]\}$。

对于保费原理（9），由止损序定义 2.1，即得 $E[X] \leqslant E[Y]$ 和 $E\{X - E[X]\}_+ \leqslant E\{Y - E[Y]\}_+$。

对于保费原理（12），$X \leqslant_{SL} Y \Leftrightarrow TVaR[X; p] \leqslant TVaR[Y; p]$。

对于保费原理（13）、原理（14）、原理（15）、原理（16）、原理（20），考虑下述反例，令 $X \sim Bernoulli(1/4)$，$Y \equiv 1$，则

$D[Y] = 0$，$\pi[Y] \equiv 1$。$Pr[X \leq Y] = 1$，由定义 2.1，有 $X \leqslant_{st} Y$，故 $X \leqslant_{SL} Y$。而当 $\beta > 4$ 时，对原理(13)，$E[X] + \beta D[X] > 1$；当 $\beta > \sqrt{3}$ 时，对原理(14)，$E[X] + \beta \sqrt{D[X]} > 1$；当 $\beta > 1$ 时，对原理(15)，$E[X] + \beta D[X]/E[X] > 1$；当 $\beta > \sqrt{3}$ 或 $\gamma > 1$ 时，对原理(16)，$E[X] + \beta \sqrt{D[X]} + \gamma D[X]/E[X] > 1$；当 $3/16 < \gamma^2 < 3 < 1/2$ 时，对原理(20)，$E[X] + \gamma - \sqrt{\gamma^2 - D[X]} > 1$。若 $E[X] = E[Y]$ 时，由定义 2.1 有 $D[X] \leqslant D[Y]$，易知，此时原理(13)、原理(14)、原理(15)、原理(16)、原理(20)满足止损序下的低风险对应低保费。

对于原理（17）和原理（18）考虑下述反例，令 $X \sim Bernoulli(1/2)$，$Y \sim Poisson(1/2)$，则 $E[X] = E[Y] = 1/2$，$X \leqslant_{SL} Y$。当 $p = 0.4$ 时，对原理(17)，X 对应的保费为 1，大于 Y 对应的保费 0，而实际上原理(17)对应随机序 $\leqslant_{st} Y$；对原理(18)，X 对应的保费为 $(1 + \beta)/2$，大于 Y 对应的保费 $(1 - \beta)/2$。

需要注意的是，保费原理之所以不能保持止损序关系，主要是因为当均值不相等时止损序下的低风险不一定对应低方差，以及由止损序不能推出随机序（$\leqslant_{st} Y$）造成的。另外，在实际应用中，如果用止损序对风险进行比较或排序，应该尽量选择能够保持止损序关系的保费原理，否则可能出现较大的风险却对应较小保费的不一致问题。

三　模拟检验

本节假定对四组均值都为 2/3 的累积赔付额数据 $S = X_1 + X_2 + \cdots + X_N$，根据尾部特征的选择方法，分别用 $PO(1/3) - \gamma(2, 1)$、$NB(3, 0.9) - Pareto(3, 4)$、$B(3, 1/9) - \ln(0.5, 0.4)$ 和 $PO(1/3) - \ln(-0.1, 1.6)$ 四种复合分布拟合，记为 S_1、S_2、S_3 和 S_4。

用 R 软件计算四种复合分布在保费原理（3）、原理（5）、原理（9）、原理（12）、原理（14）、原理（15）、原理（18）下的保费值，结果如表 2 - 1 所示。具体步骤如下：

（1）用随机模拟法，通过生成 100000 个 N 和 X 对应分布的随机序计算得到 S，再用 S 的经验分布近似 $F_S(x)$。

（2）计算 S 的方差、矩母函数、VaR、TVaR、止损保费，进而求得各个保费值。

四种复合分布的损失次数（首分布）均值都为 1/3，损失金额（次分布）均值都为 2，

$\gamma(2, 1) \leqslant_{SL} Pareto(3, 4)$

$\ln(0.5, 0.4) \leqslant_{SL} \ln(-0.1, 1.6)$

$B(3, 1/9) \leqslant_{SL} PO(1/3) \leqslant_{SL} NB(3, 0.9)$

因此有 $S_1 \leqslant_{SL} S_2$ 和 $S_3 \leqslant_{SL} S_4$。

对于保费原理（3）、原理（5）、原理（9）、原理（12），以及均值相等时的保费原理（14）和原理（15），有 $\pi(S_1) \leqslant \pi(S_2)$ 和 $\pi(S_3) \leqslant \pi(S_4)$，而对于保费原理（18），上述结果不一定成立。由此可见，表 2 - 1 中的保费值与定理 2.5 中的结论一致。

表 2 - 1 四种集体风险模型对应的保费

累积赔付额	保费原理（3）	保费原理（5）（β=0.01）	保费原理（9）（β=0.1）	保费原理（12）（p=0.05）	保费原理（14）（β=0.1）	保费原理（15）（β=0.1）	保费原理（18）（β=0.1，p=0.05）
S_1	1.5635	0.6903	0.7162	5.2947	0.8081	0.9667	3.9863
S_2	2.4343	0.7056	0.7195	8.6027	0.9008	1.4889	4.1840
S_3	1.5154	0.6788	0.7141	5.0980	0.8027	0.9444	3.7449
S_4	2.6667	0.7031	0.7177	7.6277	0.9249	1.6667	3.7197

图 2 - 5 和图 2 - 6 是 S_1 与 S_2、S_3 与 S_4 的分布函数曲线图，其中，S_1 与 S_2、S_3 与 S_4 都只相交一次，因此 $S_1 \leqslant_{SL} S_2$，$S_3 \leqslant_{SL} S_4$。

止损序下较高风险的在保费原理（12）下的保费值也较大。表

2-1 中的损失 S_1 在原理（12）下的保费值为 5.2947，S_3 和 S_4 的保费值分别为 5.0980 和 7.6277，而 $B(3, 1/9) \leqslant_{SL} PO(1/3)$，故均值相等时对数正态与伽马分布族间不存在止损序的比较关系，否则 S_1 的保费值应比 S_3 和 S_4 的保费值都大或都小。

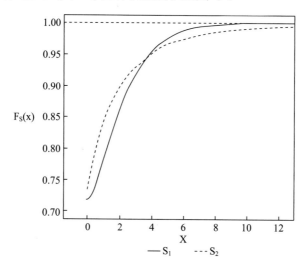

图 2-5 S_1 和 S_2 的分布函数曲线

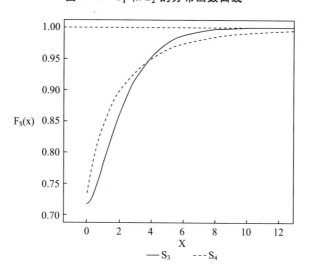

图 2-6 S_3 和 S_4 的分布函数曲线

第三章　广义线性模型

广义线性模型（GLM）是线性模型的推广，在非寿险精算中，具有广泛应用，是费率厘定的主要精算模型之一。线性回归模型通常要求损失变量服从正态分布，而实际损失变量可能是损失与否的二分类变量、损失类型的多分类变量、损失次数的计数型变量，或者损失金额的右偏厚尾型连续变量。广义线性模型是由内尔德和韦德伯恩（1972）首次提出的，麦卡拉和内尔德（1989）首次将广义线性模型应用到精算领域，指数分布族可以通过适当的线性转换完成线性化，这些适合线性化的模型包括泊松分布、正态分布、伽马分布等分布，实际上单项分析法、最小偏差法以及经典线性模型都是广义线性模型的特例。本章主要介绍广义线性模型的基本理论和应用案例。

第一节　广义线性模型理论

古典线性模型假设因变量的观察值服从相互独立的正态分布，方差为常数，解释变量通过线性相加关系影响因变量。而实际的损失分布一般具有右偏厚尾、方差随均值变化等特点。另外，乘法模型也比加法模型更适合解释变量对因变量的影响。

广义线性模型（GLM）可以在很大程度上克服古典线性模型的不足，它假设因变量来自相互独立的指数分布族，方差随均值变化，解释变量通过线性相加关系对因变量期望值的某种函数变换产生影响。

广义线性模型机构为：

$$f(y) = \exp\left\{\frac{y\theta - b(\theta)}{a(\varphi)} + c(y, \phi)\right\}, \ g(\mu) = x'\beta \qquad (3-1)$$

其中：

（1）因变量服从相互独立的指数分布族。

（2）$b(\theta)$ 的选择决定因变量的具体分布形式。

（3）$g(\mu)$ 是单调可导的连接函数，决定了自变量如何影响因变量的均值。

指数分布族假设为：

$$f(y) = \exp\left\{\frac{y\theta - b(\theta)}{a(\varphi)} + c(y, \phi)\right\} \qquad (3-2)$$

式中，θ 称为规范参数，与均值有关；φ 称为离散参数，与方差有关。$a(\varphi)$、$b(\theta)$、$c(y, \phi)$ 为已知函数，$a(\varphi)$ 是正连续函数，通常取 $a(\varphi) = \phi/\omega$，ω 为先验权重；$b(\theta)$ 存在二阶导数，且大于零。

在指数分布族中，均值 $E(Y) = b'(\theta)$，方差 $VaR(Y) = b''(\theta) \cdot a(\varphi)$。若把方差表示为均值的函数，记为 $V(\mu)$，则有 $VaR(Y) = \phi V(\mu)/\omega$。

指数分布族包括二项分布、负二项分布、泊松分布、正态分布、伽马分布、逆高斯分布、Tweedie 分布等损失分布。

广义线性模型既可以对非正态指数分布族数据进行回归分析，又保留了正态线性回归模型的很多常规思想，并且因变量不再局限于对自变量的线性依赖。

广义线性模型尽管可以较好地拟合损失数据的线性部分，但其假设条件有时仍太严格。例如不同风险类型的损失数据可能具有一定相关性、服从非指数分布族、解释变量通过非参数形式对因变量分布中的均值和离散参数都产生影响等。此时，用广义线性模型估计风险往往不够精确，进而影响到保险定价和风险管理等。

为了克服广义线性模型的上述不足，又出现了广义线性混合模型、广义可加模型、双广义线性模型等推广模型形式：

（1）广义可加模型（GAM）：解释变量对因变量均值的回归形式中增加了三次平滑样条等非参数可加形式，尤其是当有连续型自变量时，会提高损失估计的精度。模型缺点是：很难得到确切的显性表达形式，而且非参数可加部分形式的选择比较复杂，模型估计效率不高。

（2）双广义线性模型（DGLM）：对于服从指数分布族的因变量中的均值和离散参数同时建立回归模型，相对于一般广义线性模型中确定的离散参数形式，更加灵活。

（3）广义线性混合模型（GLMM）：可以看成是广义线性模型和线性混合模型的结合，在解释变量的回归形式中添加了随机效应部分，反映了个体特征对损失影响的差异。

第二节　模型检验

在回归模型的诊断检验中，残差的 QQ 图（Dunn，1996）和 Worm 图（Van and Fredriks，2001）是两种常用的直观方法。若理论分位数与样本分位数的正态 QQ 图近似为一条直线，表示模型拟合得较好。Worm 图是在 QQ 图基础上去除趋势化，若 Worm 图近似在中心水平直线上，基本都位于椭圆置信区间曲线内，且没有特殊的分布形态，表明模型的总体拟合效果较好。若 Worm 图呈现出某种特殊形态，说明残差具有对应的分布特征，进而表明 GAMLSS 模型对于损失变量分布参数的估计存在偏差，如表 3 - 1 所示。

表 3 - 1　　　　　　　　　Worm 图诊断分析

Worm 图形态	残差特征	可能存在的问题
中心水平线上	均值高	低估位置参数
中心水平线下	均值低	高估位置参数
正斜率	方差大	低估尺度参数

Worm 图形态	残差特征	可能存在的问题
负斜率	方差小	高估尺度参数
U 形	偏态正	低估偏度参数
倒 "U" 形	偏态负	高估偏度参数
S 形—左侧向下	峰态尖	低估峰度参数
S 形—左侧向下	峰态低	高估峰度参数

第三节　实证分析

一　数据概览

收集了国内某财险公司一个地区分公司的 2001 年保单年度商业车险数据，原始数据包括 91024 份个体保单信息，经过整理，剔除录入错误、信息缺失等数据，最后保留 89210 份保单的完整记录，选择其中的保单号、费率因子和损失数据等相关信息。

费率因子包括业务类型、车辆类型、车辆产地、使用性质、行驶区域、车龄、第三者责任险保额、车辆损失险保额、总车险保额等分类变量，作为影响损失的解释变量。其中，车辆类型分为六个水平，有六座以下客车（简称小客）、六座至二十座以下客车（简称中客）、二十座及二十座以上客车（简称大客）、两吨以下货车（简称小货）、两吨至十吨以下货车（简称中货）、十吨及十吨以上货车（简称大货）。为了分析方便，车龄的三个水平分别记为新、中、旧，各种保额因子的水平也类似地分别记为低、中、高。各类商业车险费率因子及水平如表 3－2 所示。

作为因变量的损失数据主要包括车辆损失险和第三者责任险的损失信息，记录了每份保单各类险种的损失次数和损失金额，以及每次赔付的类型。本书将主要分析车辆损失次数、第三者责任损失次数、车辆损失金额、第三者责任损失金额、赔付次数和赔付类型等损失变量。其中赔付类型分为只发生车辆损失、只发生第三者责任损失和两种损失都发生三种情况。

表 3-2 商业车险费率因子及水平

费率因子	因子水平
业务类型	续保业务（基准水平）、新业务
车辆类型	小客（基准水平）、中客、大客、小货、中货、大货
车辆产地	国产（基准水平）、进口
使用性质	私人（基准水平）、非私人
行驶区域	国内（基准水平）、省内
车龄（年）	(0, 1)（基准水平）、[1, 5)、5^+
车辆损失险保额（万元）	(0, 10)（基准水平）、[10, 20)、20^+
第三者责任险保额（万元）	(0, 10)（基准水平）、[10, 20)、20^+
总车险保额（万元）	(0, 20)（基准水平）、[20, 40)、40^+

在所有 89210 份保单中，没有赔付记录的占 54.8%，没有车辆损失的占 55.1%，没有第三者责任损失的占 86.5%，说明赔付次数、车辆损失和第三者责任损失都有在零点概率堆积的特征。赔付金额的描述性统计量分别为：均值 1579，中位数 682，标准差 6125，变异系数 3.88，偏度系数 1382，峰度系数 28，$VaR_{(0.99)} = 16386$，$CTE_{(0.95)} = 42356$。对于有赔付记录的保单，只发生车辆损失的占 83.3%，只发生第三者责任损失的占 8.4%，两种损失都发生的占 15.8%，表明有很多保单同时发生两种损失，它们之间具有一定相依关系。

二 基于泊松分布的损失次数估计

建立传统泊松分布假设下的广义线性模型，拟合损失次数：

$$\begin{cases} Y_i \sim PO(\mu_i,) \\ \log(\mu_i) = X'_{\mu i}\beta_\mu \end{cases} \quad (3-3)$$

表 3-3 为模型参数估计结果，图 3-1 为对应的费率因子分析图，从表和图中可见，各费率因子对泊松分布的均值参数都具有显著影响。

表 3 - 3　　　泊松分布下损失次数 GLM 模型参数估计结果

参数	估计值	标准差	误差	t 统计量
截距	0.441589	0.006203	71.18	< 2e - 16
车龄：中	- 0.109894	0.008431	- 13.04	< 2e - 16
车龄：旧	- 0.235529	0.009854	- 23.9	< 2e - 16
是否续保：是	- 0.233349	0.010373	- 22.5	< 2e - 16
车型：中客	- 0.289604	0.009641	- 30.04	< 2e - 16
车型：大客	- 0.744345	0.044947	- 16.56	< 2e - 16
车型：小货	- 1.02513	0.02811	- 36.47	< 2e - 16
车型：中货	- 0.799133	0.030507	- 26.2	< 2e - 16
车型：大货	- 0.382601	0.04533	- 8.44	< 2e - 16
产地：进口	0.186149	0.0008002	23.26	< 2e - 16
区域：省内	- 1.180906	0.032133	- 36.75	< 2e - 16
性质：营业	- 0.458012	0.024356	- 18.8	< 2e - 16
性质：企业	- 0.544751	0.00812	- 67.09	< 2e - 16
性质：机关	- 0.854301	0.020583	- 41.51	< 2e - 16

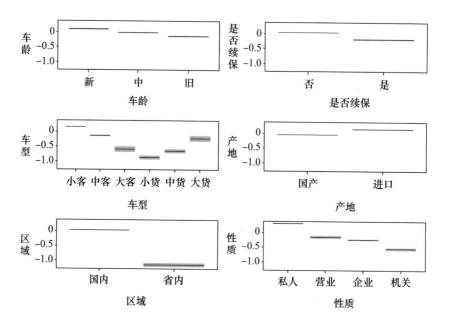

图 3 - 1　泊松分布下损失次数的费率因子影响分析

图 3 - 2 和图 3 - 3 为 GLM 模型 Worm 图和 QQ 图，从图中可见，拟合效果不是很理想。

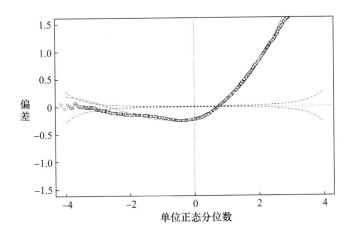

图 3 - 2　泊松分布下损失次数 GLM 模型 Worm 图

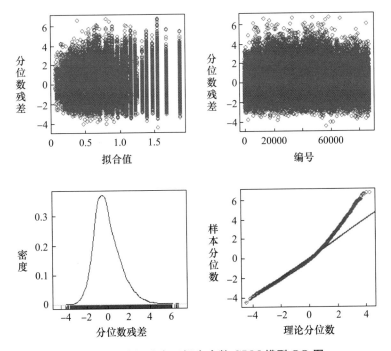

图 3 - 3　泊松分布下损失次数 GLM 模型 QQ 图

三　基于伽马分布的损失金额估计

下面建立传统伽马分布下的广义线性模型估计损失金额：

$$\begin{cases} Y_i \sim \text{GA}(\mu_i,\ \sigma) \\ \log(\mu_i) = X'_{\mu_i}\beta_\mu \end{cases} \tag{3-4}$$

表 3 - 4 为 GLM 模型参数估计结果，图 3 - 4 为对应的费率因子分析，从表和图中可见，各费率因子对伽马的位置参数都具有显著影响。

表 3 - 4　　　　损失金额的伽马分布 GLM 模型估计结果

参数	估计值	标准差	误差
截距	0.73591	0.091196	8.07
续保：否	0.141992	0.011081	12.814
对数：保额	0.531287	0.007777	68.318
车型：中客	0.122013	0.011457	10.65
车型：大客	- 0.395029	0.049062	- 8.052
车型：小货	0.464331	0.031637	14.677
车型：中货	0.523765	0.034103	15.358
车型：大货	0.482206	0.053232	9.059
产地：进口	0.127538	0.011445	11.144
区域：省内	1.04656	0.034307	30.506
性质：营业	0.368266	0.028151	13.082
性质：企业	0.092068	0.008594	10.714
性质：机关	0.026844	0.021976	1.222
车龄：0—1 年	- 0.051329	0.008704	- 5.897
车龄：5—9 年	0.115117	0.011858	9.708
车龄：10 年及以上	0.206071	0.046163	4.464

图 3 - 5 和图 3 - 6 为 GLM 模型 Worm 图和 QQ 图，从图中可见，拟合效果不是很理想。

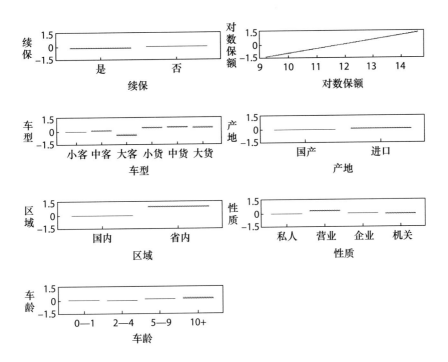

图 3 - 4　伽马分布 GLM 模型下损失金额的费率因子分析

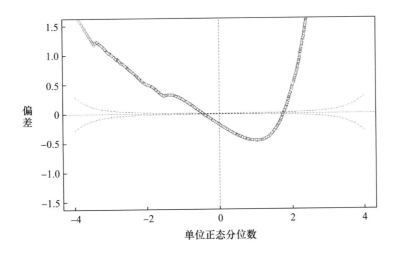

图 3 - 5　损失金额的伽马分布 GLM 模型 Worm 图

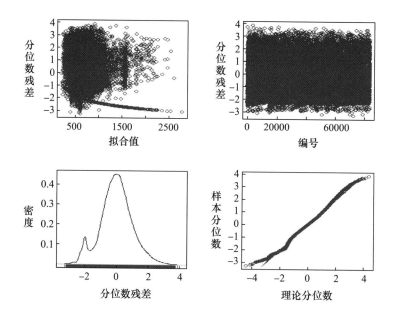

图 3 - 6   损失金额的伽马分布 GLM 模型 QQ 图

四   基于 Tweedie 分布的累计损失估计

目前常用的 Tweedie 分布下的广义线性模型结构为:

$$
\begin{cases}
y_i \sim \text{Tweedie}(\mu_i,\ p_i) \\
\log\mu_i = X_i'\beta \\
p_i = p
\end{cases}
\tag{3-5}
$$

式中, μ_i 和 p_i 是 Tweedie 分布的参数, 对均值参数 μ_i 用对数连接函数, 这样, 可以保证各费率因子在指数函数下以乘法形式影响损失均值, 即纯保费, 一般假设每个保单的参数 p_i 是一样的, X_i' 为保单 i 的费率因子向量, β 为待估计的回归系数向量。

参数 p 的估计比较复杂, 当有很多保单没有赔付时, 一般取 $1 < p < 2$, 此时的 Tweedie 分布即为泊松—伽马复合分布。本书数据中, 54.8% 的保单没有赔付记录, 因此在 (1, 2) 内选择 p 的取值。p = 1.61 时, 似然函数达到最大值 -438049。由图 3 - 7 似然函数值随 p 变化的轮廓图可知, p 在最优点附近的取值对模型精度影

响不大，因此，为了方便，也可以取 p = 1.6 等经验值，而不需要对每个损失数据集重新估计 p 值。

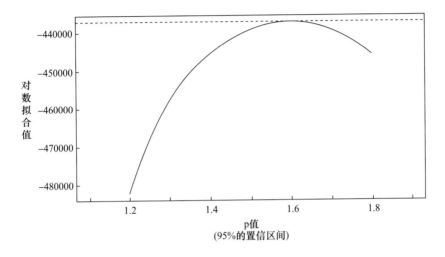

图 3 - 7　Tweedie 分布累计损失似然函数随 p 变化的轮廓

表 3 - 5 为 p = 1.61 时 Tweedie 分布下累计损失模型参数估计结果。相对来说，总保额高、私人、进口、新投保的大型货车累计损失要更大。再单独考虑车型对于累计损失的影响，一般来说，货车比客车损失大，客车座位数越少损失越大，而货车吨位越大累计损失也越大。

表 3 - 5　　　　　Tweedie 分布累计损失模型参数估计结果

参数	估计值	标准误	t 统计量
截距	7.1931	0.04522	159.0731
总保额：中	0.2699	0.0306	8.8122
总保额：高	0.6628	0.0475	13.9535
车龄：中	- 0.0479	0.0287	- 1.6694

参数	估计值	标准误	t 统计量
车龄：旧	− 0.1475	0.0363	− 4.0573
性质：非私	− 0.3790	0.0271	− 13.9552
产地：进口	0.2940	0.0354	8.3026
续保：否	0.3947	0.0334	11.8014
车型：中客	− 0.3054	0.0339	− 8.9853
车型：大客	− 0.3351	0.1004	− 3.3358
车型：小货	− 0.2960	0.0655	− 4.5190
车型：中货	0.4053	0.0645	6.2767
车型：大货	0.7022	0.1006	6.9752
拟合统计量	参数个数 = 14，对数似然值 = − 438049，AIC = 876127，BIC = 876110		

第四章　GAMLSS 模型

在非寿险定价中,目前常用的方法是 GLM 模型,但是,它局限于指数分布族假设,而且只能对均值参数建立回归方程,在实际应用中,对损失金额数据的厚尾特征不能准确度量,对尺度参数和形状参数中可能存在的异质性刻画也不够充分。为此,引入 GAMLSS 模型来改进 GLM 模型的局限。

第一节　GAMLSS 模型结构

GAMLSS 模型推广了 GLM 模型中的指数分布族假设,只要求损失随机变量的密度函数对分布参数一阶和二阶可导,并且还可以刻画多个分布参数的异质性,对位置、尺度、偏度和峰度等多个分布参数同时建立回归方程,每个分布参数都可以表示成解释变量的函数。GAMLSS 模型涵盖了传统的线性模型、广义线性模型、广义可加模型和广义线性混合模型,还可以衍生出半参数可加模型、非线性半参数模型和非线性参数模型,具有很大的灵活性,适合度量损失数据的各种分布特征。

定义 4.1　假设损失因变量之间相互独立,其概率函数或概率密度函数可记为 $f(y_i \mid \theta^i)$,条件中的分布参数向量 $\theta^i = (\theta_{1i}, \theta_{2i}, \theta_{3i}, \theta_{4i}) = (\mu_i, \sigma_i, \nu_i, \tau_i)$,记 $g_k(\cdot)$ 为已知的单调连接函数,则 GAMLSS 模型中分布参数与解释变量之间的回归关系可表示为:

$$g_k(\theta_k) = \eta_k = X_k\beta_k + \sum_{j=1}^{J_k} Z_{jk}\gamma_{jk}, k = 1,2,3,4 \qquad (4-1)$$

式中，θ_k 和 η_k 分别是 n 维参数向量，一般前两个参数 $\mu = \theta_1$ 和 $\sigma = \theta_2$ 分别称为位置和尺度参数，$\nu = \theta_3$ 和 $\tau = \theta_4$ 称为形状参数。$\beta_k^T = (\beta_{1k}, \beta_{2k}, \cdots, \beta_{J'_k k})$ 是 J'_k 维线性回归系数向量，X_k 是已知的 $n \times J'_k$ 阶设计矩阵，Z_{jk} 为 $n \times q_{jk}$ 阶设计矩阵，γ_{jk} 是 q_{jk} 维随机效应系数变量，$\gamma_{jk} \sim N_{q_{jk}}(0, G_{jk}^{-1})$，$G_{jk}^{-1}$ 是 $q_{jk} \times q_{jk}$ 对称矩阵 $G_{jk} = G_{jk}(\lambda_{jk})$ 的（广义）逆，λ_{jk} 为超参数向量。

GAMLSS 模型可以把每个分布参数都表示成解释变量线性函数与随机效应线性函数之和，因变量不再局限于传统 GLM 模型中的指数分布族，只要求密度函数对分布参数 θ 一阶和二阶可导。它涵盖了以往的广义线性模型、广义可加模型和广义线性混合模型等大部分回归模型，还可以衍生出半参数可加模型、非线性半参数模型、非线性参数模型等一系列形式。

特别地，当 $J_k = 0$ 时，GAMLSS 模型简化为纯参数形式：

$$g_k(\theta_k) = \eta_k = X_k\beta_k \qquad (4-2)$$

当 $Z_{jk} = I_n$ 时，$\gamma_{jk} = h_{jk} = h_{jk}(X_{jk})$，其中，$I_n$ 为 n 阶单位矩阵，则模型可以简化为如下半参数可加形式：

$$g_k(\theta_k) = \eta_k = X_k\beta_k + \sum_{j=1}^{J_k} h_{jk}(X_{jk}) \qquad (4-3)$$

式中，h_{jk} 是解释变量 X_{jk} 的未知函数，$j = 1, 2, \cdots, J_k$，$k = 1, 2, 3, 4$。

$$g_k(\theta_k) = \eta_k = X_k\beta_k + \sum_{j=1}^{J_k} Z_{jk}\gamma_{jk} \qquad (4-4)$$

GAMLSS 模型的结构也可简记为 $\mathscr{M} = \{\mathscr{D}, \mathscr{G}, \mathscr{T}, \Lambda\}$，其中，$\mathscr{D}$ 表示损失随机变量的分布假设，比如泊松分布、伽马分布、GB2 分布等；$\mathscr{G}$ 表示连接函数，比如等值连接、对数连接、Logit 连接等；$\mathscr{T}$ 表示各分布参数回归模型中引入的费率因子，比如车辆类型、使用性质、车龄等；Λ 为平滑（超）参数形式，比如三次样条和 P 样条等。

第二节 GAMLSS 模型估计与检验

在 GAMLSS 模型中，线性回归系数矩阵 β_k 和随机效应 γ_{jk} 可以用最大化惩罚似然函数来估计，惩罚似然函数 l_p 的形式为：

$$l_p = l - \frac{1}{2} \sum_{k=1}^{p} \sum_{j=1}^{J_k} \lambda_{jk} \gamma'_{jk} G_{jk} \gamma_{jk} \qquad (4-5)$$

式中，$l = \sum_{i=1}^{n} \ln f(y_i \mid \theta)$ 为对数似然函数。

对于 l_p 的最大值和模型参数估计，可以应用效率较高的 RS 算法和 CG 算法。相关介绍可参见 Rigby 和 Stasinopoulos（1996，2004）以及科恩和格林（Cole and Green，2006）等。

在比较相同损失因变量下的不同模型的拟合效果时，通常使用基于极大似然函数的 AIC 准则或 BIC 准则，其中 AIC = -2l + 2p，BIC = -2l + pln(n)，l 为对数似然函数，p 为待估参数个数，n 为样本量。AIC 和 BIC 的数值越小，表明模型对实际数据的拟合效果越好。当样本量很大且变量个数不是很多时，BIC 准则对参数个数的惩罚过于严厉，从而选择的模型可能过于简单，此时使用 AIC 准则更为合适。此外，AIC 准则比 BIC 准则具有更加良好的统计性质，更多相关研究可参见伯纳姆和安德森（Burnham and Anderson，2002，2004）等。

一般来说，模型精度越高，表达形式也往往更加复杂。在实际应用中，选择具体模型时需要合理平衡估计精度与适用性和解释性之间的关系。在保险精算中，为了便于分析各解释变量对损失的影响，通常选择参数形式的固定效应模型；而在生物和金融等领域，为了提高估计精度，可以选择添加非参数可加形式和随机效应部分的较为复杂的模型。

第三节 应用案例

应用 GAMLSS 模型，估计第三章第三节中商业车险数据的损失次数、损失金额和累计损失，并与传统 GLM 模型进行比较，分析拟合优度提高的效果。

一 损失次数估计

在非寿险中，通常有很多保单没有损失发生，损失次数往往具有零膨胀和过离散等分布特征，传统的假设是泊松分布和负二项分布，这里对车辆损失险损失次数引入零膨胀泊松分布和零膨胀负二项分布，模型分别记为 P_0、NB_0、ZIP_0 和 $ZINB_0$。表 4 – 1 和图 4 – 1 比较了不同分布对车辆损失次数分布拟合效果。通过比较可知，车辆损失次数在零点有明显的概率堆积，零膨胀分布可以显著改进拟合效果，而负二项分布又优于泊松分布，因此零膨胀负二项分布的拟合效果最好。对于第三者责任险的损失次数，也有类似的结论。

表 4 – 1   车辆损失次数分布拟合比较

拟合统计量	$ZINB_0$	ZIP_0	NB_0	P_0
参数个数	3	2	2	1
对数似然值	– 119184	– 122151	– 120816	– 134128
AIC	238374	244307	241654	268259
BIC	238402	244325	238455	268268

把零膨胀负二项分布作为车辆损失次数的假设分布，建立 GAMLSS 模型：

$$\begin{cases} Y_i \sim ZINB(\mu_i, \sigma_i, p_i) \\ \log(\mu_i) = X'_{\mu_i}\beta_\mu \\ \log(\sigma_i) = X'_\sigma\beta_\sigma \\ \log\left(\dfrac{p_i}{1-p_i}\right) = X'_p\beta_p \end{cases} \quad (4-6)$$

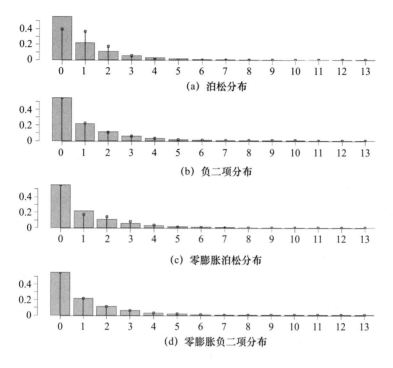

图 4 - 1　车辆损失次数拟合

式中，分布参数 p_i 用逻辑连接函数，即费率因子直接影响无损失发生的对数比率，$E(Y_i) = (1 - p_i)\mu_i$，$\mathrm{VaR}(Y_i) = (1 - p_i)\mu_i^2(p_i + \sigma_i^2)$。

按照 AIC 准则和 BIC 准则用逐步回归法选择精度最优模型，模型参数估计结果如表 4 - 2、图 4 - 2 所示的费率因子分析图，从表和图中可见，费率因子不仅会影响赔付发生率，也会影响发生赔付时损失次数的均值和方差。

表 4 - 2　　零膨胀负二项分布车损次数模型参数估计结果

参数	π		μ		σ	
	估计值	标准误	估计值	标准误	估计值	标准误
截距	- 2.4183	0.1875	0.3119	0.0236	- 0.3441	0.0411

参数	π		μ		σ	
	估计值	标准误	估计值	标准误	估计值	标准误
车龄：中	—	—	− 0.1261	0.0115	− 0.1237	0.0310
车龄：旧	—	—	− 0.2995	0.0160	0.0954	0.0415
产地：进口	—	—	0.1552	0.0118	—	—
续保：否	− 0.4633	0.1088	0.1684	0.0185	—	—
车型：中客	1.0852	0.1347	− 0.1705	0.0183	—	—
车型：大客	1.0654	0.3113	− 0.6527	0.0961	—	—
车型：小货	− 1.0428	1.3622	− 0.9565	0.0616	—	—
车型：中货	0.8243	0.2703	− 0.7437	0.0662	—	—
车型：大货	0.5015	0.4548	− 0.4194	0.0958	—	—
性质：非私	0.7287	0.1466	− 0.5002	0.0200	0.3262	0.0421
区域：省内	—	—	—	—	1.5071	0.0695
拟合统计量	参数个数 = 24，对数似然值 = − 116073，AIC = 232194，BIC = 232419					

对于第三者责任损失次数也可以建立回归模型，得到类似的结论。

二 损失金额估计

（一）损失金额的分布选择

赔付金额的描述性统计量指标分别为：均值 1579，中位数 682，标准差 6125，变异系数 3.88，偏度系数 1382，峰度系数 28。如果用指数分布、伽马分布、帕累托分布、对数正态分布、威布尔分布、逆高斯分布和 GB2 分布等拟合损失金额数据，则结果如图 4 - 3 和图 4 - 4 所示，这两幅图分别描述了赔付金额小于和大于 20000 元时赔付金额的直方图和拟合的密度函数。从图中可以看出，经验赔付金额呈现出明显的右偏、尖峰和厚尾等分布特征，其中，GB2 分布的拟合效果最好，尤其是较好地拟合了厚尾的大额赔付数据。

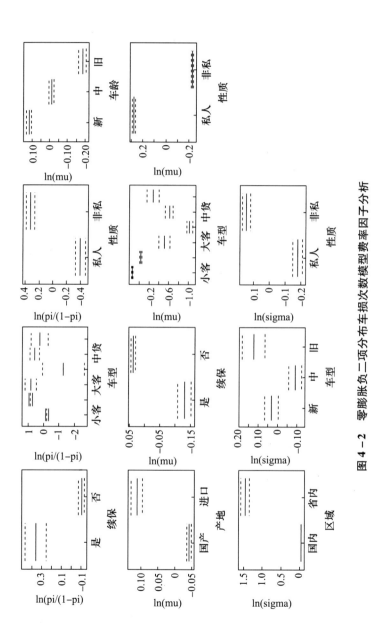

图 4 - 2　零膨胀负二项分布车损次数模型费率因子分析

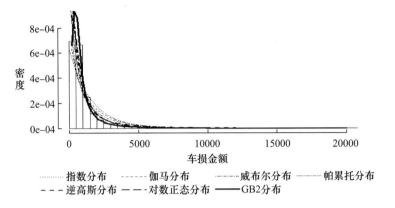

图4-3 赔付金额小于2万元时的直方图和拟合的密度函数

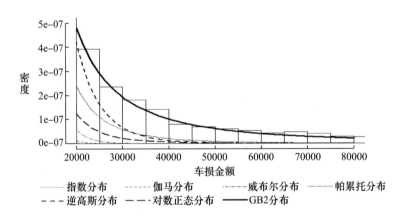

图4-4 赔付金额大于2万元时的直方图和拟合的密度函数

选择合适的分布假设，对于损失预测具有重要影响。对于本例的实际数据，无论是使用 AIC 准则、BIC 准则还是使用 GAIC 准则（k=2.8），GB2 分布的统计量都是最小的，如表4-3所示，这表明 GB2 分布的拟合效果明显优于常用的损失分布。

应用密度函数极限法选择分布类型也可以得到相同的结论。应用损失金额右尾5%和10%的数据分别估计三类厚尾分布类型的参数和均方误差，结果如表4-4所示。可见，Ⅰ型厚尾分布的均方误差最小，分别为0.46和3.14，因此，Ⅰ型厚尾分布拟合效果最好，对应厚尾分布类型参数估计值分别为 $k_{(0.05),1}=2.84$，$k_{(0.05),2}=\exp$

$(-4.94) = 0.007$，$k_{(0.1),1} = 3.08$，$k_{(0.1),2} = \exp(-5.47) = 0.004$，这表明在几种备选损失分布中，Ⅰ型厚尾类型的 GB2 分布对尾部数据的拟合效果最好。

表 4 - 3　　　　　　　　损失分布拟合优度比较

损失分布	指数分布	伽马分布	威布尔分布	帕累托分布	逆高斯分布	对数正态分布	GB2分布
AIC 准则	1398671	1394250	1381330	1358318	1351617	1345791	1338719
GAIC 准则 (2.8)	1398672	1394252	1381332	1358320	1351619	1345793	1338723
BIC 准则	1398680	1394268	1381348	1358337	1351636	1345811	1338757

表 4 - 4　　　　　　　　厚尾分布类型参数估计

尾部类型	应用右尾 5% 的数据			应用右尾 10% 的数据		
	截距	斜率	均方误差	截距	斜率	均方误差
Ⅰ 型	-4.94	2.84	0.46	-5.47	3.08	3.14
Ⅱ 型	-1.34	2.93	1.42	-1.73	0.33	9.27
Ⅲ 型	1.25	6.97	82.85	1.067	0.01	298.75

（二）GAMLSS 模型构建与参数估计

为了克服传统广义线性定价模型在费率厘定中的局限性，构建 GB2 分布假设下的 GAMLSS 模型为：

$$
\begin{cases}
\ln(\mu_i) = X_{1\mu_i}\beta_\mu + f_\mu(X_{2\mu_i}) \\
\sigma_i = X_{1\sigma_i}\beta_\sigma + f_\sigma(X_{2\sigma_i}) \\
\ln(\nu_i) = X_{1\nu_i}\beta_\nu + f_\nu(X_{2\nu_i}) \\
\ln(\tau_i) = X_{1\tau_i}\beta_\tau + f_\tau(X_{2\tau_i})
\end{cases}
\tag{4-7}
$$

式中，位置参数 μ、偏度参数 ν、峰度参数 τ 的回归方程使用了对数连接函数，尺度参数 σ 的回归方程中使用了等值连接函数，$X_{1\mu_i}$、$X_{1\sigma_i}$、$X_{1\nu_i}$、$X_{1\tau_i}$、$X_{2\mu_i}$、$X_{2\sigma_i}$、$X_{2\nu_i}$、$X_{2\tau_i}$ 为费率因子等已知的解释向量，β_μ、β_σ、β_ν、β_τ 为待估计的回归参数向量，f 为平滑样条等

非参数函数。在进行费率厘定时，需要分析各费率因子对损失的直观影响，为了方便解释和提高运算效率，在实际应用中，可以只选择参数的回归形式。

为了便于比较，下面对损失金额数据建立四种回归模型：

（1）伽马分布下的 GLM（GA—GLM）模型；

（2）伽马分布下的 GAMLSS（GA—GAMLSS）模型；

（3）GB2 分布下只对位置参数建立回归方程的 GAMLSS（GB2—GAMLSS0）模型；

（4）GB2 分布下对四个分布参数同时建立回归方程的 GAMLSS（GB2—GAMLSS1）模型。

在上述所有模型中，对保险金额进行对数变换以后引入模型，并采用运算效率更高的 RS 算法估计模型参数。

表 4-5 在三种信息准则下比较了四种模型的拟合优度。总体上看，GB2 分布优于伽马分布，GAMLSS 模型优于 GLM 模型，其中对 GB2 分布下的四个参数同时建立回归方程时 GAMLSS 模型的拟合效果最好，该模型的参数估计结果如表 4-6 所示。

表 4-5　　　　伽马和 GB2 分布下各种模型的拟合优度

模型	GA—GLM 模型	GA—GAMLSS 模型	GB2—GAMLSS0 模型	GB2—GAMLSS1 模型
AIC 准则	1378371	1374173	1333073	1327934
GAIC 准则（2.8）	1378384	1374199	1333088	1327974
BIC 准则	1378529	1374472	1333251	1328401

表 4-6　　　　GB2 分布下 GAMLSS 模型的参数估计值

费率因子	$\ln(\mu)$		σ		$\ln(\nu)$		$\ln(\tau)$	
	估计值	标准误	估计值	标准误	估计值	标准误	估计值	标准误
截距	3.6565 *	0.0726	4.7457 *	0.0168	0.9937 *	0.0785	1.3301 *	0.0733
业务：新	0.0694 *	0.0089	—		—		—	
车型：中客	0.1948 *	0.0084	3.3022 *	0.0686	-0.7753 *	0.0120	-0.5679 *	0.0118

续表

费率因子	ln (μ)		σ		ln (ν)		ln (τ)	
	估计值	标准误	估计值	标准误	估计值	标准误	估计值	标准误
车型：大客	−3.4971*	0.0571	−4.3556*	0.0180	4.1560*	0.0226	3.1736*	0.0219
车型：小货	−1.9991*	0.0370	−4.2337*	0.0181	3.1313*	0.0201	2.2651*	0.0192
车型：中货	−5.3345*	0.0266	−2.0880*	0.0211	9.6788*	0.0680	−0.4083*	0.0314
车型：大货	−5.9875*	0.0449	−2.1635*	0.0249	10.5249*	0.1097	−0.2575*	0.0481
产地：进口	0.0924*	0.0090	—	—	—	—	—	—
区域：省内	1.4834*	0.0396	−0.0695*	0.0287	−0.8340*	0.0323	—	—
性质：营业	0.2260*	0.0249	—	—	−0.4074*	0.0268	−0.2191*	0.0244
性质：企业	0.1052*	0.0071	—	—	−0.1612*	0.0093	−0.0624*	0.0089
性质：机关	−0.0426*	0.0183	—	—	−0.0322	0.0230	−0.0539*	0.0216
车龄：2—4 年	0.2060*	0.0066	—	—	−0.1518*	0.0086	0.0176*	0.0081
车龄：5—9 年	0.3382*	0.0103	—	—	−0.3138*	0.0124	−0.0447*	0.0120
车龄：10 年及以上	0.3762*	0.0428	—	—	−0.3633*	0.0454	−0.0482	0.0450
对数保额	0.2129*	0.0062	—	—	−0.1537*	0.0066	−0.2121*	0.0062

注：* 表示在 $\alpha = 0.05$ 的显著性水平下显著。

（三）模型诊断

图 4 − 5 为四种回归模型的 Worm 图，其中，上面两个 Worm 图是基于伽马分布的回归模型 GA—GLM 模型和 GA—GAMLSS 模型，它们都呈现 U 形，表明残差右偏，低估了损失金额的偏度；下面两个 Worm 图是基于 GB2 分布的 GAMLSS 模型，它们基本都在中心水平线上，表明在 GB2 分布下对四个参数都建立回归方程时，残差具有较好的正态性，残差的均值、方差、偏度和峰度系数分别为 −0.0011、0.9990、0.0329 和 2.8457，残差的 QQ 图近似为一条直线，如图 4 − 6 所示。由此可见，在 GB2 分布下对四个参数同时建立回归方程的 GAMLSS 模型对损失金额数据的拟合效果最好。

（四）费率因子分析

由表 4 − 7 可知，在 GB2 分布下对四个参数同时建立回归方程的 GAMLSS 模型为：

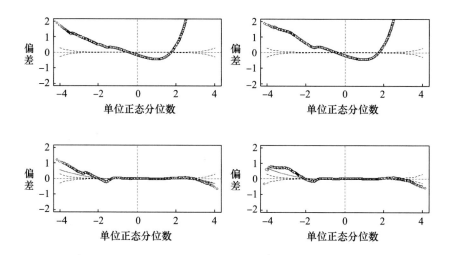

图 4 – 5 伽马和 GB2 分布下 GLM 模型和 GAMLSS 模型 Worm 图

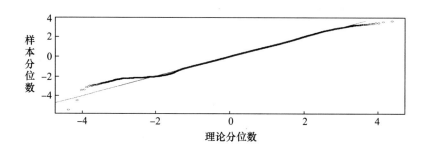

图 4 – 6 GB2 分布下 GAMLSS 模型残差 QQ 图

$$\ln(\mu) = 业务 + 车型 + 产地 + 区域 + 性质 + 车龄 + 对数保额$$

$$\sigma = 车型 + 区域$$

$$\ln(\nu) = 车型 + 区域 + 性质 + 车龄 + 对数保额$$

$$\ln(\tau) = 车型 + 性质 + 车龄 + 对数保额 \qquad (4-8)$$

图 4 – 7 展示了 GB2—GAMLSS1 模型中费率因子与分布参数的回归关系，可以看出，各种费率因子对 GB2 分布的四个参数的影响具有较大差异。在位置参数 μ 的回归方程中，业务、车型、产地、区域、性质、车龄和对数保额等费率因子都具有显著性影响，其中

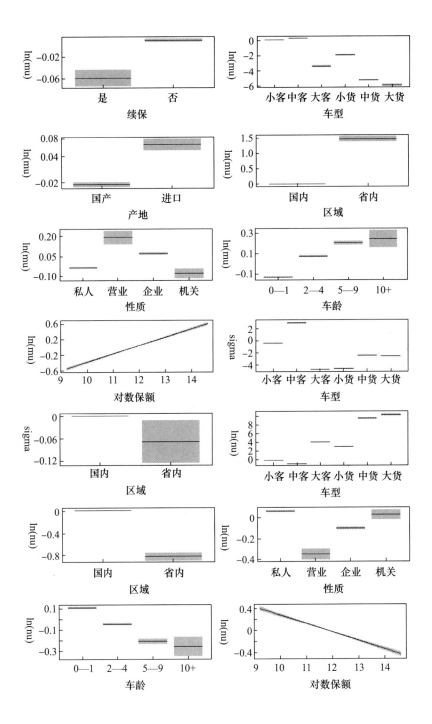

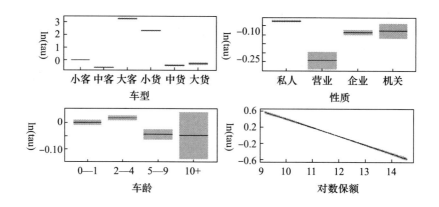

图 4 – 7 GAMLSS 模型中费率因子对 GB2 分布参数的回归分析

新投保、中客、进口、省内、性质、车龄、高保额的保单，位置参数更大。在尺度参数 σ 的回归方程中，车型和区域具有显著影响，其中国内、中客的保单，尺度参数更大。在偏度参数 υ 的回归方程中，车型、区域、性质、车龄和对数保额具有显著性影响，其中大货、行驶、私人性质、新购置、保额低的保单，偏度参数更大。在峰度参数 τ 的回归方程中，车型、性质、车龄和对数保额具有显著性影响，其中大客、私人性质、2—3 年车龄、保额低的保单，峰度参数更大。

（五）损失风险度量

在保险精算中，常用的风险度量指标是在险价值（Value at Risk，VaR）和条件尾部期望（Conditional Tail Expectation，CTE），它们广泛应用于非寿险偿付能力测算和风险保费的厘定中。比如，我国的偿二代（C—ROSS）和欧洲偿付能力 Ⅱ 框架（Solvency Ⅱ）中使用 VaR 度量风险，而瑞士偿付能力测试体系（SST）和日本风险基础资本（RBC）采用更为严格的 CTE 度量风险。在风险度量中，VaR 的应用更为广泛，但 VaR 不满足一致性风险度量方法的次可加性要求，而且对右尾部损失的测量不够充分；CTE 是更为严格的一致性风险度量方法，可以较好地测量尾部损失，但计算更为复杂。

对于表 4 - 5 中的四种回归模型，可以应用蒙特卡洛方法随机模拟总损失，并计算各自的 VaR 和 CTE 风险度量值。将第 i 份保单的赔付次数记为 n_i，以 GB2 分布下的 GAMLSS 模型为例，计算步骤如下：

（1）对于第 i 份保单，应用式（4 - 5）计算 GB2 分布的四个参数，进而随机生成 n_i 个 GB2 分布的损失金额 y_{ij}（$j = 1, 2, \cdots, n_i$），若没有索赔，则损失金额为 0。

（2）把随机生成的所有保单的损失金额相加，得到 1 次总损失的模拟结果，即 $S^{(1)} = \sum\limits_{i=1}^{89210} \sum\limits_{j=1}^{n_i} y_{ij}$。

（3）重复上述模拟过程 10 万次，计算不同置信度下的在险价值 VaR 和条件尾部期望 CTE。

在前述的四种损失预测模型下，风险度量的计算结果如表 4 - 7 所示。由表 4 - 7 可知，在伽马分布下的广义线性模型中，VaR 和 CTE 的风险度量值都偏低；而拟合优度较高的 GB2 厚尾分布下的 GAMLSS 模型，VaR 和 CTE 的风险度量相对较大。这意味着对于厚尾分布的损失金额，可能需要更高的最低资本和风险附加。

表 4 - 7　　　　基于四种模型计算的 VaR 和 CTE 风险度量值　　单位：万元

模型	$VaR_{90\%}$	$VaR_{95\%}$	$VaR_{99\%}$	$CTE_{90\%}$	$CTE_{95\%}$	$CTE_{99\%}$
GA—GLM 模型	22901	38918	99324	43025	59234	162340
GA—GAMLSS 模型	23718	41256	110923	46832	71983	201814
GB2—GAMLSS0 模型	33689	59083	170984	60345	130905	382521
GB2—GAMLSS1 模型	36521	60785	187633	68943	159838	448237

三　累计损失估计

零调整分布即为在零点有概率堆积的离散型退化分布和一个连续分布的混合。

总损失为零调整逆高斯分布下的 GAMLSS 模型结构为：

$$\begin{cases} Y_i \sim \mathrm{ZAIG}(\mu_i, \ \sigma_i, \ \pi_i) \\ \log(\mu_i) = X'_{\mu_i}\beta_\mu \\ \log(\sigma_i) = X'_{\sigma_i}\beta_\sigma \\ \log\left(\dfrac{\pi_i}{1-\pi_i}\right) = X'_{\pi_i}\beta_\pi \end{cases} \qquad (4-9)$$

式中，对伽马参数 μ_i 和 σ_i 用对数连接函数，对无损失发生概率参数 π_i 用逻辑连接函数，即费率因子直接影响 π_i 的对数比率，$E(Y_i) = (1-\pi_i)\mu_i$，$\mathrm{VaR}(Y_i) = (1-\pi_i)\mu_i^2(\pi_i + \sigma_i^2)$。同理，可得零调整伽马分布下的模型结构，只是分布假设不同。模型的参数估计结果如表 4-8 所示。

表 4-8　零调整逆高斯分布下累计损失模型的参数估计结果

参数	π		μ		σ	
	估计值	标准误	估计值	标准误	估计值	标准误
截距	-0.2837	0.0235	7.737	0.0324	3.5302	0.0121
总保额：中	—	—	0.2694	0.0210		
总保额：高	—	—	0.6605	0.0443	—	—
车龄：中	0.1043	0.0169	0.0171	0.0222	0.0102	0.0082
车龄：旧	0.3608	0.0213	0.1349	0.0299	0.0857	0.0109
性质：非私	0.6643	0.0152	—	—		
产地：进口	-0.0849	0.0163	0.2699	0.0304		
区域：省内	—	—			3.2951	0.0271
续保：否	-0.2258	0.0188	0.2476	0.0249	—	—
车型：中客	0.4474	0.0180	0.0153	0.0256		
车型：大客	0.8405	0.0633	0.3312	0.1330		
车型：小货	1.0214	0.0378	0.3785	0.0640		
车型：中货	0.7973	0.0421	0.9839	0.0971		
车型：大货	0.4125	0.0703	1.0834	0.2009		
拟合统计量	参数量 = 27，对数似然值 = -428861，AIC = 857777，BIC = 858031					

注意：累计损失是损失发生率和损失金额的乘积，因此，各费率因子对累积损失的影响是有区别的。

具体来说，有的费率因子只影响一种损失参数，比如，总保额主要影响损失金额，总保额越大，损失金额越多；车辆性质主要影响损失发生率，私人车辆更易发生损失。

　　有的费率因子同向影响损失发生率和损失额，比如，新投保和进口车辆的损失发生率和损失金额都更高。还有的费率因子反向影响损失发生率和损失额，累计损失的变化要综合各自影响程度的大小，比如，车龄越长，损失发生率越低，但损失额越大，累计损失也越大。

　　对于车型因子，一般来说，货车比客车的损失发生率低，但损失金额高，累计损失也更大；客车座位数越多，损失金额越高，但损失发生率变低，累计损失也变小；货车吨位越大，损失发生率越低，损失金额越高，累计损失也越大。

　　大部分保单没有损失记录，同时又有较多保单发生大额损失，这使累计损失在零点出现概率堆积，而且尾部比较厚，即同时具有零膨胀和厚尾的分布特征。因此，假设累计损失服从零膨胀逆高斯分布是合理的。

　　在空模型和引入解释变量两种情况下，比较不同累计损失金额模型的拟合效果，如表4－9所示。结果表明，引入解释变量会提高拟合精度，零调整逆高斯分布假设更为合理，基于它的 GAMLSS 模型比 Tweedie 分布下的广义线性模型拟合精度更高。另外，注意到零调整逆高斯分布下模型的拟合精度比另外两种分布加入费率因子后还要高，可见，合适的分布选择对模型的拟合效果具有重要影响。

表4－9　　　　　　　　累计损失模型拟合比较

拟合统计量	ZAIG0	ZAGA0	Tweedie0	ZAIG	ZAGA	Tweedie
参数个数	3	3	1	27	27	14
对数似然值	－432335	－438567	－439642	－428861	－432325	－438049
AIC 准则	864677	876993	879287	857777	867563	876127
BIC 准则	864705	877021	879296	858031	433754	876258

　　图4－8为费率因子分析，可以更为清楚地认识费率因子水平对于累计损失各分布参数影响的差异。

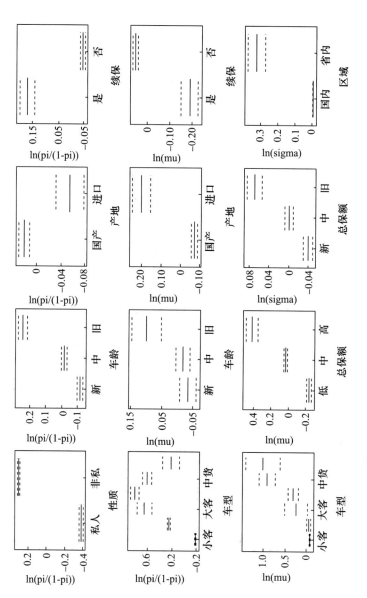

图 4-8 ZAIG 分布下 GAMLSS 累计损失模型费率因子分析

第五章　混合分布回归模型

　　本章通过对泊松分布添加连续、0—1、有限离散等多种类型的随机效应，建立分层混合泊松分布，在 GAMLSS 框架下构造回归模型，用 EM 迭代算法估计泊松均值、过离散结构、零膨胀和有限混合概率权重等各分布参数的回归系数，并实证分析了一组国内的车险保单赔付数据，讨论模型的拟合效果。该模型结构灵活，具有较强的可扩展性，可以为费率厘定和相关领域应用提供有益的参考和借鉴。

第一节　混合分布

一　赔付频率分布特征及度量

　　目前非寿险费率厘定中广泛应用 GLM 模型，在估计赔付频率时，一般基于泊松分布，假设相同费率水平下的个体风险为同质性保单，方差等于均值。然而，实际的赔付频率数据往往存在零膨胀、过离散和异质性等非泊松分布特征。比如，由于应用免赔额或无赔款折扣条款，大多数保单没有赔付发生，在零点处具有较大的概率堆积，即零膨胀；受驾驶员的生活习惯和性格偏好等不可观测的"从人"因素影响，相同费率水平下的保单个体往往存在风险异质性，个别被保险人的风险可能较大，赔付频率远高于平均水平，方差大于均值，称为过离散或额外泊松变异；赔付记录可能包括车辆和第三者责任等不同类型的子群体损失，这也会产生异质性风险。

通过对泊松分布添加随机效应来构造混合分布,是度量零膨胀、过离散和异质性等分布特征的一种主要方法。记赔付频率变量 Y 的概率为 $p_Y(y)$,随机效应变量 Θ 的密度函数为 $h_\Theta(\theta)$,则给定条件随机效应时,赔付次数的边际概率为:

$$p_Y(y) = \int p_Y(y \mid \Theta) h_\Theta(\theta) \mathrm{d}\theta \qquad (5-1)$$

混合分布包括无限分布和有限分布(Klugman et al.,2012)。

随机效应取连续型变量时为无限混合分布。若条件赔付次数服从泊松分布,即:

$$p_Y(y \mid \Theta) = \mathrm{PO}(\mu\theta) \qquad (5-2)$$

则称赔付次数的边际分布为混合泊松分布,其中,随机效应变量 Θ 是结构函数,通常均值为 1,此时混合泊松分布的均值是 μ。特别地,当结构函数为伽马分布(GA)或逆高斯分布(IG)时,相应的混合泊松分布为负二项分布(NB)或泊松逆高斯分布(PIG)。

随机效应取有限离散变量时为有限混合分布:

$$p_Y(y) = \sum_{k=1}^{K} \pi_k p_k(y) \qquad (5-3)$$

此时损失的赔付被划分为风险水平不同的异质子群体,由 K 个离散变量元 $p_k(y)$ 混合构成,权重概率 π_k 的和为 1。特别地,零膨胀分布为零点退化分布和某个非退化分布的二元有限混合分布,此时零点的概率包括权重零(额外零)和分布零(抽样零)两部分,随机效应为 0—1 两点分布。

二 分层混合分布

混合泊松分布的方差大于均值,但一般右尾较长,在零点的概率偏小;有限混合分布可以把风险划分成不同的水平,但对过离散特征的刻画不够充分。因此,通过对不同类型随机效应进行多重混合,建立分层混合分布,可以同时度量赔付次数的过离散、零膨胀和异质性等分布特征。

对混合泊松分布再进行多重有限混合,构造分层混合泊松分布

（Hierarchical Mixtures of Poisson distribution，HMP）：

$$p_Y(y) = \iiint_\Omega p_Y(y \mid \Xi) \hbar_\Xi(\eta) \,\mathrm{d}\xi$$

$$= \sum_{jk} \pi_{jk} \times \int p_{jk}(y \mid \Theta) h_\Theta(\theta) \,\mathrm{d}\theta$$

$$= \sum_{k=1}^{K} \sum_{j=1}^{J} \pi_{jk} \times \int p_{jk}(y \mid \Theta) h_\Theta(\theta) \,\mathrm{d}\theta \qquad (5-4)$$

式中，$p_{ij}(y \mid \Theta)$ 为泊松概率函数，Θ 是混合泊松的随机效应，密度 h 是结构函数，π_{jk} 为双层有限混合的权重概率。该分布为三层混合离散结构，也可以根据需要推广到更多层混合或者连续分布情况。可以证明，泊松分布、负二项分布、泊松逆高斯分布、零膨胀分布和有限混合分布等分布，都是 HMP 分布的退化形式。

当 HMP 分布中混合泊松的结构函数是 IG 分布、第一层有限混合是零膨胀分布时，即为有限混合零膨胀负二项分布（FMZIPIG），概率函数为：

$$p_{FMZIPIG}(y \mid \mu, \sigma, \upsilon, \tau)$$

$$= \sum_{k=1}^{K} \sum_{j=1}^{2} \pi_{jk} \times \int p_{jk}(y \mid \Theta) h_\Theta(\theta) \,\mathrm{d}\theta$$

$$= \begin{cases} \sum_{k=1}^{K} \tau_k [\nu_k + (1 - \nu_k) p_{Y'}(0 \mid \mu_k, \sigma_k)], y = 0 \\ \sum_{k=1}^{K} \tau_k (1 - \nu_k) p_{Y'}(0 \mid \mu_k, \sigma_k), y = 1, 2, 3, \cdots \end{cases} \qquad (5-5)$$

式中，Y' 服从 PIG 分布。

$$p_{Y'}(y \mid \mu, \sigma) = \left(\frac{2\alpha}{\pi}\right)^{\frac{1}{2}} \frac{\mu^y e^{\frac{1}{\sigma}} K_{y-\frac{1}{2(\alpha)}}}{(\alpha\sigma)^y y!} \qquad (5-6)$$

式中，$\alpha^2 = \dfrac{1}{\sigma^2} + \dfrac{2\mu}{\sigma}, K_\lambda(\alpha) = \dfrac{1}{2} \displaystyle\int_0^\infty x^{\lambda-1} \exp\left\{\dfrac{1}{2}\alpha(x + x^{-1})\right\} \mathrm{d}\alpha$ 为

第三类修正的贝塞尔函数。当 $\tau = 1$，即 $K = 1$ 时，即为 ZIPIG 分布；当 $\tau = 1$，且 $\nu = 0$ 时，即为 PIG 分布；当 $\tau = 1$，且 $\sigma \to 0$ 时，退化为 ZIP 分布；当 $\tau = 1$，$\nu = 0$，$\sigma \to 0$ 时，退化为泊松分布。

第二节　分层混合分布回归模型

一　分层混合泊松分布 GAMLSS 模型

为了分析费率因子对赔付频率过离散、零膨胀和异质性等分布特征的影响，构建 HMP 分布 GAMLSS 模型：

$$
\begin{cases}
p_i(y) = \displaystyle\sum_{k=1}^{K}\sum_{j=1}^{2} \pi_{ijk} \times \int p_{ijk}(y \mid \Theta)\, h_{i\Theta}(\theta)\, \mathrm{d}\theta \\[2mm]
\log(\mu_i) = X_{1\mu_i}\beta_\mu + g_\mu(X_{2\mu_i}) \\[2mm]
\log(\sigma_i) = X_{1\sigma_i}\beta_\sigma + g_\sigma(X_{2\sigma_i}) \\[2mm]
\log\!\left(\dfrac{\pi_{ijk}}{1-\pi_{ijk}}\right) = X_{1\pi_{ijk}}\beta_{\pi_{jk}} + g_{\pi_{jk}}(X_{2\pi_{jk}})
\end{cases}
\tag{5-7}
$$

式中，假设保单 i 的赔付频率服从 HMP 分布，概率函数记为 $p_i(y)$；μ_i 为泊松分布的均值参数，采用对数连接函数；σ_i 为混合泊松的结构参数，用对数函数连接；π_{ijk} 为双层有限混合分布中的权重概率，假设边际权重概率 π_{ij} 和 π_{ik} 都服从多项逻辑分布，有限元数 J 和 K 固定，$\displaystyle\sum_{j=1}^{J}\pi_{ij}=1,\ \sum_{k=1}^{K}\pi_{ik}=1$，用 Logit 连接函数；$X$ 为已知的费率因子解释向量；β 是待估计的回归参数向量；g 是平滑样条等非参数函数。在费率厘定实务中，为了方便解释和提高运算效率，通常选择参数回归形式。

特别地，二元 FMZIPIG 分布下的 GAMLSS 模型为：

$$
\begin{cases}
p_i(y) = \displaystyle\sum_{k=1}^{2}\sum_{j=1}^{2} \pi_{ijk} \times \int p_{ijk}(y \mid \Theta)\, h_{i\Theta}(\theta)\, \mathrm{d}\theta \\[2mm]
\log(\mu_i) = X_{1\mu_i}\beta_\mu + g_\mu(X_{2\mu_i}) \\[2mm]
\log(\sigma_i) = X_{1\sigma_i}\beta_\sigma + g_\sigma(X_{2\sigma_i}) \\[2mm]
\log\!\left(\dfrac{\upsilon_i}{1-\upsilon_i}\right) = X_{1\upsilon_i}\beta_\upsilon + g_{\upsilon_i}(X_{2\upsilon}) \\[2mm]
\log\!\left(\dfrac{\tau_i}{1-\tau_i}\right) = X_{1\tau_i}\beta_\tau + g_{\tau_i}(X_{2\tau})
\end{cases}
\tag{5-8}
$$

式中，假设赔付频率服从二元 FMZIPIG 分布，$\upsilon_i = \pi_{i1}.$ 为零膨胀分布的额外零权重概率，$\tau_i = \pi_{i\cdot k}$ 为二元有限混合中的权重概率。

二　基于 EM 算法的模型参数估计

为了估计回归模型中的回归系数，借鉴弗里德曼等（2009）的方法，构造"扩张数据"，引入如下示性变量：

$$\delta_{ik} = \begin{cases} 1, & y_i \text{ 来自有限混合的第 } k \text{ 个子群体} \\ 0, & \text{其他} \end{cases} \tag{5-9}$$

则回归模型的对数似然函数可以表示为：

$$l(y;\psi,\delta) = \sum_{i=1}^{n} \sum_{k=1}^{K} \delta_{ik} \sum_{j=1}^{2} \log \pi_{jk} +$$
$$\sum_{i=1}^{n} \sum_{k=1}^{K} \delta_{ik} \sum_{j=1}^{2} \log \int p_{jk}(y_i) h_{i\Theta}(\theta) \mathrm{d}\theta \tag{5-10}$$

式中，$\psi = \{\mu, \sigma, \nu, \tau\}$ 表示模型中所有待估计的参数向量，δ 为示性变量矩阵。

运用 EM 迭代算法求解回归模型中各参数最优解的步骤如下：

第一步（E 步），计算期望，构造 Q 函数：

$$Q = \sum_{i=1}^{n} \sum_{k=1}^{K} \hat{\omega}_{ik}^{(r+1)} \sum_{j=1}^{2} \log \pi_{jk} +$$
$$\sum_{i=1}^{n} \sum_{k=1}^{K} \hat{\omega}_{ik}^{(r+1)} \sum_{j=1}^{2} \log \int p_{jk}(y_i) h_{i\Theta}(\theta) \mathrm{d}\theta \tag{5-11}$$

上式中，

$$\hat{\omega}_{ik}^{(r+1)} = \frac{\hat{\pi}_{ik}^{(r)} \sum\limits_{j=1}^{2} p_{jk}(y_i \mid \hat{\beta}_{jk}^r)}{\sum\limits_{k=1}^{K} \hat{\pi}_{ik}^{(r)} \sum\limits_{j=1}^{2} p_{jk}(y_i \mid \hat{\beta}_{jk}^r)} \tag{5-12}$$

式中，$\hat{\beta}_{jk}^r$ 为 EM 算法中第 r 次迭代的估计结果，用 $\hat{\omega}_{ik}^{(r+1)}$ 替换对数似然函数式（5-10）中的 δ_{ik}。

第二步（M 步），通过分步迭代，依次估计回归模型中混合泊松、零膨胀和有限混合分布中参数的局部最优解：

（1）对于每个有限混合子群体，估计泊松参数 μ_k 的回归系数 $\hat{\beta}_{u_k}^{(r+1)}$，其中，有限混合分布的先验权重为 $\hat{\omega}_{ik}^{(r+1)}$；

（2）估计混合泊松分布中结构参数 σ_k 的回归系数 $\hat{\beta}_{\sigma_k}^{(r+1)}$；

（3）估计零膨胀权重 $\upsilon_k = \pi_1$. 的回归系数 $\hat{\beta}_{\upsilon_k}^{(r+1)}$；

（4）估计有限混合分布中权重 $\tau_k = \pi_{.k_v}$ 的回归系数 $\hat{\beta}_{\tau_k}^{(r+1)}$，其中，$\hat{\tau}_k^{(r+1)} = \dfrac{1}{n} \sum_i^n \hat{\omega}_{ik}^{(r+1)}$。

E 步与 M 步交替进行直至收敛，最后用 Bootstrap 方法可以得到参数估计值的标准误。

第三节　应用案例

一　索赔次数的分布拟合

在泊松分布基础上，构建多种混合分布，包括混合泊松分布、零膨胀分布、有限混合分布以及分层混合分布等，各分布表达形式参照 Rigby 和 Stasinopoulos（2005），参数极大似然估计和拟合优度统计量如表5－1所示。由于二元以上有限混合分布的拟合优度变化很小，所以表5－1中没有展示。比较分布类型（1）至类型（3），拟合优度递增，表明混合泊松分布度量了过离散特征，拟合效果优于泊松分布，又由于逆高斯分布尾部厚于伽马分布，因此，PIG 分布比 NBI 分布的过离散特征更为明显，拟合度也更高；比较分布类型（4）至类型（6）与类型（1）至类型（3），可见零膨胀分布增加零点的额外概率，提高了拟合度；比较分布类型（7）至类型（9）与类型（1）至类型（3），对应分布混合后的拟合度都更高，说明有限混合分布划分损失的风险异质水平，具有更好的拟合程度；分布类型（10）至类型（12）的拟合优度高于其他分布，可见，HMP 分布度量了赔付频率的过离散、零膨胀和异质性等分布特征，提高了拟合度，FMZIPIG 分布的拟合效果最好。

表 5-1 各类分布模型对索赔次数的拟合优度

分布类型	μ	σ	υ	τ	df	-2L	AIC	SBC
（1）PO	0.9618	—	—	—	1	265659	265661	265670
（2）NB	0.9618	1.3363	—	—	2	239557	239561	239580
（3）PIG	0.9618	1.5522	—	—	2	238108	238112	238131
（4）ZIP	1.7210	—	0.4411	—	2	247553	247557	247576
（5）ZINB	1.1385	0.9125	0.1532	—	3	237614	237620	237648
（6）ZIPIG	1.2959	0.9865	0.2581	—	3	237258	237264	237292
（7）FMP	0.3639	—	—	0.7457	3	247014	247020	247048
	2.7150			0.2543				
（8）FMNB	0.5776	2.1837	—	0.5187	5	237556	237556	237613
	1.3759	0.7066		0.4813				
（9）FMPIG	0.6135	2.3586	—	0.5038	5	237145	237155	237202
	1.3154	0.8791		0.4962				
（10）FMZIP	0.9782	—	0.2012	0.7036	5	238147	238157	238204
	3.7173		0.6259	0.2964				
（11）FMZINB	0.7257	2.1538	0.2077	0.3471	7	237042	237056	237122
	1.3129	0.3538	0.1108	0.6529				
（12）FMZIPIG	0.7842	2.2357	0.4481	0.3597	7	236854	236868	236934
	1.6030	0.4576	0.2146	0.6403				

注：μ、σ、υ、τ分别表示泊松分布中的均值参数、混合泊松分布中的结构参数、零膨胀概率参数以及有限混合分布中的权重参数。在有限混合中，使用了二元有限混合分布模型。

泊松分布（PO）、泊松—逆高斯分布（PIG）、零膨胀泊松—逆高斯分布（ZIPIG）、有限混合零膨胀泊松—逆高斯分布（FMZIPIG）四种分布对索赔次数数据的拟合效果比较如图5-1所示。图5-1表明，通过对泊松分布首先进行无限混合，其次对零点的概率进行膨胀，最后再进行有限混合，可以逐步提高对索赔次数数据的拟合优度。

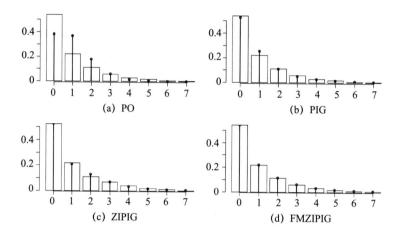

图 5 - 1　索赔次数数据的拟合效果比较

二　FMZIPIG 分布下 GAMLSS 模型参数估计

在 FMZIPIG 分布的各种参数中引入解释变量（费率因子），可以建立相应的 GAMLSS 模型，并应用 EM 迭代算法估计回归系数。GAMLSS 模型的估计结果如表 5 - 2 所示。由表 5 - 2 可知，费率因子对泊松分布的均值参数 μ、混合泊松分布中的结构参数 σ、零膨胀概率参数 υ 和有限混合分布中的权重参数 τ 都具有一定影响。

表 5 - 2　　FMZIPIG 分布假设下 GAMLSS 模型估计结果

费率因子		$\log(\mu_1)$	$\log(\sigma_1)$	$\text{Logit}(\upsilon_1)$	$\log(\mu_2)$	$\log(\sigma_2)$	$\text{logit}(\upsilon_2)$	$\text{logit}(\tau_2)$
截距		0.2132	1.1212	0.3157	-2.0466	1.6248	-1.6342	0.5846
		(-0.0220)	(0.0625)	(0.0346)	(0.0322)	(0.0703)	(1.5781)	(0.8734)
业务	新	0.0199	0.3576	0.0927	0.0271	0.0274	0.0693	0.3667
		(0.0163)	(0.0398)	(0.0959)	(0.0241)	(0.0434)	(0.0676)	(0.5467)
车型	中客	0.0810	0.2875	0.2448	0.1052	0.0218	0.1901	0.9353
		(0.0423)	(0.1428)	(0.206)	(0.0455)	(0.3242)	(0.1155)	(0.4354)
	大客	0.0552	0.1678	0.2140	0.0526	0.0352	0.0906	1.8543
		(0.0948)	(0.2774)	(0.3417)	(0.1047)	(0.0987)	(0.1682)	(0.3467)

续表

费率因子		$\log(\mu_1)$	$\log(\sigma_1)$	$\mathrm{logit}(\upsilon_1)$	$\log(\mu_2)$	$\log(\sigma_2)$	$\mathrm{logit}(\upsilon_2)$	$\mathrm{logit}(\tau_2)$
车型	小货	0.0133	0.2338	0.0910	0.0233	0.0235	0.0664	0.3246
		(0.0435)	(0.1401)	(0.4240)	(0.0839)	(0.0235)	(0.2518)	(1.4567)
	中货	0.0581	0.1589	0.3926	0.8934	0.0703	1.8971	1.4357
		(0.0134)	(0.0335)	(0.0879)	(0.0206)	(1.0689)	(0.4673)	(1.3456)
	大货	0.0364	0.0830	0.1997	0.0542	0.3077	0.3243	0.4568
		(0.0175)	(0.0482)	(0.1475)	(0.0224)	(0.0012)	(3.0797)	(0.3246)
产地区域	进口	0.0240	0.0772	0.1247	0.0262	0.1245	0.0733	0.7844
		(0.0133)	(0.0338)	(0.091)	(0.0233)	(0.0235)	(0.0664)	(0.3246)
	省内	-1.1669	0.2898	0.0927	-0.6022	1.4605	0.2973	2.6019
		(0.0435)	(0.1401)	(0.424)	(0.0839)	(0.0235)	(0.2518)	(1.4567)
性质	营业	0.4301	0.5997	0.0927	0.8423	2.5167	1.1521	1.8328
		(0.0581)	(0.1589)	(0.3926)	(0.8934)	(0.0703)	(1.8971)	(1.4357)
	企业	-0.4952	0.3502	0.0927	0.3653	-4.1959	0.4301	-0.6572
		(0.0134)	(0.0335)	(0.0879)	(0.0206)	(1.0689)	(0.4673)	(0.3456)
	机关	-0.8419	0.6706	0.0927	-0.7753	-0.0244	0.1048	-0.5389
		(0.0364)	(0.083)	(0.1997)	(0.0542)	(0.3077)	(0.3243)	(0.0068)
车龄	2—4年	-0.4096	-0.3304	0.0927	0.0042	0.3483	0.1592	0.2929
		(0.0175)	(0.0482)	(0.1475)	(0.0224)	(0.0012)	(0.0797)	(0.3246)
	5年及以上	0.0232	-0.6670	0.0927	0.2331	1.8366	0.8108	0.5995
		(0.0020)	(0.0772)	(0.1247)	(0.0262)	(0.1245)	(0.0733)	(0.0344)

注：括号内为各估计值的标准误。

三 拟合优度比较与模型诊断

表 5-3 比较了多种回归模型的拟合效果，包括在泊松分布（PO）、负二项分布（NB）、泊松—逆高斯分布（PIG）、零膨胀泊松分布（ZIP）、有限混合泊松分布（FMP）五种分布假设下关于位置参数建立的回归模型，分别记为（a）PO—GLM 模型、（b）NB—GLM 模型、（c）PIG—GAML 模型、（d）ZIP—GAML 模型、（e）FMP—GAML 模型；以及在泊松—逆高斯分布（PIG）、零膨胀

泊松—逆高斯分布（ZIPIG）和有限混合零膨胀泊松—逆高斯分布（FMZIPIG）假设下，对所有分布参数建立的回归模型，分别记为（f）PIG—GAMLSS 模型、（g）ZIPIG—GAMLSS 模型、（h）CMZIP-IG—GAMLSS 模型。在模型（h）中，假设有限混合分布中的权重参数不受解释变量（费率因子）影响，如果进一步在有限混合分布的权重参数中引入解释变量，即得模型（i）FMZIPIG—GAMLSS 模型。

表 5 – 3　　　　　　　　索赔次数回归模型的拟合优度比较

模型	df	– 2L	AIC	SBC
（a）PO—GLM 模型	14	246841	246869	247001
（b）NB—GLM 模型	15	231573	231603	240041
（c）PIG—GAML 模型	15	230385	230415	230555
（d）ZIP—GAML 模型	15	239871	239901	228112
（e）FMP—GAML 模型	15	236769	236799	236939
（f）PIG—GAMLSS 模型	28	227794	227850	231743
（g）ZIPIG—GAMLSS 模型	42	227253	227337	227730
（h）CMZIPIG—GAMLSS 模型	43	226645	226731	227134
（i）FMZIPIG—GAMLSS 模型	56	225294	225406	225931

可见，在有限混合零膨胀泊松—逆高斯分布假设下，对所有分布参数引入解释变量的回归模型（FMZIPIG—GAMLSS 型）具有最佳的拟合效果，因为该模型的 AIC 和 SBC 统计量值最小。表 5 – 3 中的其他模型都可以看作是该模型的特例。

应用 Worm 图对前述各种回归模型的诊断结果如图 5 – 2 所示，其中，图 5 – 2（a）呈现明显的 U 形，表明传统定价模型 PO—GLM 模型低估了索赔次数的偏度；图 5 – 2（b）至图 5 – 2（e）比图 5 – 2（a）更趋于水平，但呈现一定的 S 形，表明混合后提高了泊松分布的拟合效果，而 ZIP—GLM 模型和 FMP—GLM 模型低估了分布的峰度（S 形左侧向下），NB—GLM 模型和 PIG—GLM 模型高估了分布的峰度（S 形左侧向上）；图 5-2（f）—（i）基本呈现水平，表明基于混合泊松分布的 GAMLSS 模型拟合效果较好，其中，图 5-2（i）最接近水平直线，说明 FMZIPIG—GAMLSS 模型对索赔次数的拟合最优。

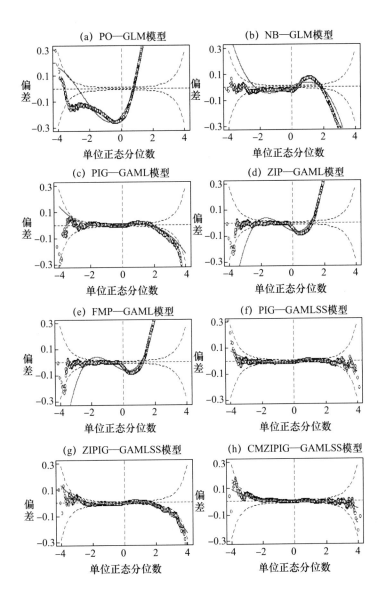

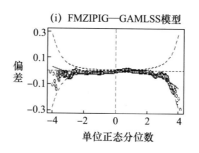

图5-2 索赔次数回归模型的 Worm 图诊断

（i）FMZIPIG—GAMLSS 模型的标准化残差如图5-3所示，没有明显趋势，核密度估计近似标准正态分布，残差的 QQ 图近似为一条直线，也表明模型拟合效果比较理想。

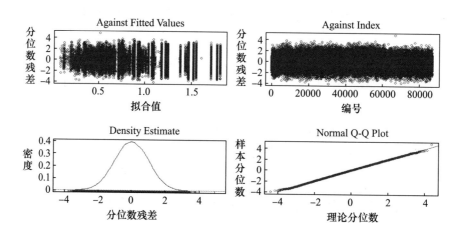

图5-3 FMZIPIG—GAMLSS 模型的标准化残差

第六章　相依风险精算模型

在传统的相依风险模型中，最为常用的是多元正态分布，它在数学计算上易于处理，而且可以用相关系数矩阵来完全描述多元随机变量之间的相依关系。但是，保险精算学中的损失变量一般是非负的，且具有右偏厚尾等分布特点，边缘损失变量还可能服从不同的分布。另外，即使一个多元变量的边缘为正态分布，它也不一定服从多元正态分布。Copula 函数是研究多元变量相依性的有力工具，它的本质是把联合分布函数划分成独立的两部分：一部分仅描述变量间的相依结构，另一部分仅描述边缘分布函数。

第一节　Copula 函数概述

Copula 函数是斯克拉（1959）第一次提出来的，近年来已经成为一种度量相依风险的重要方法，受到广泛关注，在金融保险等领域有着重要应用。下面是内尔森（2006）中的 Copula 函数定义。

定义 6.1　设随机向量 $X = (X_1, \cdots, X_n)$ 的联合分布函数为 $F(x_1, \cdots, x_p)$，若存在函数 n 元分布函数 C 使得：

$$F(x_1, \cdots, x_n) = C[F_1(x_1), \cdots, F_n(x_n)] \qquad (6-1)$$

式中，$F_j(\cdot)$，$j = 1, \cdots, n$ 为边缘分布函数，则称 C 是联合分布函数 F 的 Copula 函数，也可称为随机向量 X 的 Copula 函数，记为 C_X。

反之，若 $F_1(x_1), \cdots, F_n(x_n)$ 为连续分布函数，令 $U_1 = F_1$

(x_1), $\cdots$, $U_p = F_n(x_n)$, 服从 $[0, 1]$ 上的均匀分布, 则 $(U_1, \cdots, U_n)$ 的联合分布函数为:

$$P(U_1 \leqslant u_1, \cdots, U_n \leqslant u_n) = F[F_1^{-1}(u_1), \cdots, F_n^{-1}(u_n)] = C(u_1, \cdots, u_n) \qquad (6-2)$$

即 Copula 函数可以看成边缘分布为 $[0, 1]$ 上均匀分布随机向量 $(U_1, \cdots, U_n)$ 的联合分布函数。

斯克拉定理为 Copula 函数在多元随机变量相依性研究中的重要应用提供了理论基础。

定理 6.1（斯克拉定理） 记 F 是一个 n 元随机变量的联合分布函数, 其边缘分布函数分别为 F_1, F_2, $\cdots$, F_n, 则存在一个 Copula 函数 $C(u_1, u_2, \cdots, u_n)$, 对任意 $(x_1, x_2, \cdots, x_n) \in \overline{R}^n$, $\overline{R} = R \cup \{\pm\infty\}$, 有:

$$F(x_1, x_2, \cdots, x_n) = C[F_1(x_1), F_2(x_2), \cdots, F_n(x_n)] \qquad (6-3)$$

进一步地, 若 F_1, F_2, $\cdots$, F_n 都是连续分布, 则 Copula 函数是唯一的。反之, 若 $C(u_1, u_2, \cdots, u_n)$ 是一个 Copula 函数, 则 F_1, F_2, $\cdots$, F_n 是 n 个分布函数。构造的函数 $F(x_1, x_2, \cdots, x_n)$ 是一个 n 元随机向量的联合分布函数, 则边缘分布函数分别为 F_1, F_2, $\cdots$, F_n。

由斯克拉定理可知, 对于相同的边缘分布, 可以根据实际的相依关系选择不同的 Copula 函数, 构造出不同的多元分布; 而对于相同的 Copula 函数, 也可以选择不同的边缘分布, 构造不同的多元分布。正是 Copula 函数的这种灵活性使其成为相依风险模型中的重要方法, 得到广泛应用。

对任意的 $u = (u_1, \cdots, u_n) \in [0, 1]^n$, Copula 函数具有如下直观性质:

（1）若有一个元素 u_k 为零, 则 $C(u_1, \cdots, u_n) = 0$;

（2）若除 $u_k v$ 外, 其余元素都为 1, 则 $C(1, \cdots, 1, u_k, 1, \cdots, 1) = u_k$;

（3）设连续随机变量 X_1，$\cdots$，X_n 的 Copula 函数为 C，若 α_1，$\cdots$，α_n 都是严格单增函数，则 $C_{\alpha_1(X_1),\cdots,\alpha_n(X_n)}(u_1,\cdots,u_n) = C_{X_1,\cdots,X_n}(u_1,\cdots,u_n)$，即 Copula 函数在严格单增变换下保持不变。

在连续情况下，Copula 函数的密度函数记为：

$$c(u_1,\ u_2,\ \cdots,\ u_n) = \frac{\partial C(u_1,\ u_2,\ \cdots,\ u_n)}{\partial u_1,\ \partial u_2,\ \cdots,\ \partial u_n} \qquad (6-4)$$

对应的 n 元随机变量密度函数为：

$$f(x_1,\cdots,x_n) = c\big[F_1(x_1),\cdots,F_n(x_n)\big]\prod_{i=1}^{n}f_i(x_i) \qquad (6-5)$$

式中，$f_i(\cdot)$，$i=1$，$\cdots$，n 是边缘密度函数。

第二节　常用 Copula 函数

参数 Copula 函数由于形式简单、解释直观、计算方便，应用最为广泛。下面介绍两类常用的参数 Copula 函数：椭圆形 Copula 函数和 Archimedean Copula 函数。

椭圆 Copula 函数可以由椭圆分布得到，密度函数形式为 f(x^Tx)，具有对称性，易于用蒙特卡洛随机模拟，广泛应用于金融保险等领域，最为简单常用的椭圆 Copula 函数是正态 Copula 函数和 t Copula 函数。

定义 6.2 n 元正态 Copula 函数的分布函数为：

$$C_\Sigma(u) = H_\Sigma\big[\Phi^{-1}(u_1),\ \cdots,\ \Phi^{-1}(u_n)\big] \qquad (6-6)$$

式中，H_Σ 为 n 元正态分布 Nor$(0,\Sigma)$ 的联合分布函数，Σ 为主对角线上为 1 的 $n \times n$ 协方差矩阵。它的密度函数为：

$$c_\Sigma(u) = |\Sigma|^{-1/2}\exp\Big[-\frac{1}{2}\xi'(\Sigma^{-1}-I)\xi\Big] \qquad (6-7)$$

式中，$\xi = \big[\Phi^{-1}(u_1),\ \cdots,\ \Phi^{-1}(u_n)\big]'$，$u_i = \Phi(x_i)$。

特别地，二元正态 Copula 函数的分布函数为：

$$C_\alpha(u) = H_\alpha\big[\Phi^{-1}(u_1),\ \Phi^{-1}(u_2)\big] \qquad (6-8)$$

式中，H_α 是协方差为 α 的二元标准正态分布。密度函数为：

$$c_\alpha(u_1,\ u_2) = \frac{1}{\sqrt{1-\alpha^2}}\exp\left[\frac{-(\xi_1^2 - 2\alpha\xi_1\xi_2 + \xi_2^2)}{2(1-\alpha^2)}\right]\exp\left(\frac{\xi_1^2 + \xi_2^2}{2}\right)$$

$$(6-9)$$

式中，$\xi_i = \Phi^{-1}(u_i)$。

定义 6.3　n 元 t Copula 函数的分布函数为：

$$C_{m,\Sigma}(u) = t_{m,\Sigma}[t_m^{-1}(u_1),\ \cdots,\ t_m^{-1}(u_n)] \qquad (6-10)$$

式中，$t_{m,\Sigma}$ 为自由度为 m 的 n 元 t 分布的联合分布函数，Σ 为主对角线上为 1 的 $n \times n$ 协方差矩阵。t Copula 函数的密度函数为：

$$c_{m,\Sigma}(u) = \frac{\Gamma\left(\frac{m+n}{2}\right)|\Sigma|^{-1/2}}{\Gamma\left(\frac{m}{2}\right)}\left[\frac{\Gamma\left(\frac{m}{2}\right)}{\Gamma\left(\frac{m+n}{2}\right)}\right]^n\left(1+\frac{1}{m}\xi'\Sigma^{-1}\xi\right)^{-\frac{m+n}{2}}$$

$$\prod_{i=1}^n\left(1+\frac{\xi_i}{m}\right)^{-\frac{m+1}{2}} \qquad (6-11)$$

式中，$\xi_i = t_m^{-1}(u_i)$。

特别地，当 m→∞ 时，t Copula 函数的极限形式即为正态 Copula 函数；当 n = 2 时，二元 t Copula 函数为：

$$C_{m,\alpha}(u) = t_{m,\alpha}[t_m^{-1}(u_1),\ t_m^{-1}(u_2)]$$

式中，$t_{m,\alpha}$ 是自由度为 m、协方差为 α 的二元 t 分布。密度函数为：

$$c_\alpha(u_1,\ u_2) = \alpha^{-1/2}\left[\frac{\Gamma\left(\frac{m+2}{2}\right)\Gamma\left(\frac{m}{2}\right)}{\left[\Gamma\left(\frac{m+1}{2}\right)\right]^2}\right]\left[1+\frac{\xi_1^2 - 2\alpha\xi_2 + \xi_2^2}{m(1-\alpha^2)}\right]^{-\frac{m+2}{2}} \times$$

$$\left(1+\frac{\xi_1}{m}\right)^{-\frac{m+2}{2}}\left(1+\frac{\xi_2}{m}\right)^{-\frac{m+2}{2}} \qquad (6-12)$$

式中，$\xi_i = t_m^{-1}(u_i)$，任意给定 m，都有 $\lim\limits_{\alpha\to-1}C_{m,\alpha} = C_L$，$\lim\limits_{\alpha\to1}C_{m,\alpha} = C_U$；而对于任何有限的自由度 m，$C_{m,\alpha} \neq C_I$。

多元椭圆分布降维后仍服从具有相同边缘的多元椭圆分布。对应地，椭圆 Copula 函数也具有一个很重要的良好性质：降维后仍为具有相同边缘的椭圆 Copula 函数，即若 C_n 为 n 元椭圆 Copula 函数，则其中任意的 n - i 元 Copula 函数 $C_{n-i}(0 \leq i < n-1)$ 仍为相同边缘的椭圆 Copula 函数。

为了介绍 Archimedean Copula 函数，下面引入内尔森（2006）中完全单调函数的概念。

定义 6.4　若函数 g(t) 在区间 I 上满足 $(-1)^k \dfrac{d^k}{dt^k} g(t) \geq 0$，$t \in$ I，k = 0，1，2，…，则称 g(t) 在区间 I 上是完全单调的。

定义 6.5　给定完全单调函数 ϕ：$(0, 1) \to R^+$，且 $\phi(1) = 0$，则定义为：

$$C_\phi(u_1, \cdots, u_n) = \phi^{-1}[\phi(u_1), \cdots, \phi(u_n)] \tag{6-13}$$

的函数 C_ϕ：$[0, 1]^n \to [0, 1]$ 为生成元 ϕ 函数的 Archimedean Copula 函数。

Archimedean Copula 函数由生成元唯一确定。常用的一元 Archimedean Copula 函数有 Clayton Copula 函数、Frank Copula 函数和 Gumbel Copula 函数等。

定义 6.6　Archimedean Copula 函数，若生成元 $\phi_\theta(t) = t^{-\theta} - 1$，$\theta > 0$，则称为 Clayton Copula 函数，此时，$\phi_\theta^{-1}(t) = (1 + t)^{-(1/\theta)}$，

$$C_{Clay}(u_1, u_2, \cdots, u_n) = (u_1^{-\theta} + u_2^{-\theta} + \cdots + u_n^{-\theta} - n + 1)^{-\frac{1}{\theta}}$$

当 n = 2 时，Clayton Copula 密度函数为：

$$c_{Clayton}(u_1, u_2, \theta) = (1 + \theta)(u_1 u_2)^{-(\theta+1)}(u_1^{-\theta} + u_2^{-\theta} - 1)^{-\theta^{-1}-2}$$

$$\tag{6-14}$$

若生成元 $\phi_\theta(t) = -\ln \dfrac{e^{-\theta t} - 1}{e^\theta - 1}$，$\theta \neq 0$，则称为 Frank Copula 函数：

$$\phi_\theta^{-1}(t) = -\frac{1}{\theta} \ln[1 - (1 - e^{-\theta}) e^{-t}] \tag{6-15}$$

$$C_{Frank}(u_1, u_2, \cdots, u_d) = -\frac{1}{\theta} \ln\left[1 + \frac{(e^{-\theta u_1} - 1) \cdots (e^{-\theta u_d} - 1)}{(e^{-\theta} - 1)^{d-1}}\right]$$

$$\tag{6-16}$$

若生成元 $\phi_\theta(t) = (-\ln t)^\theta$，$\theta \geqslant 1$，则称为 Gumbel Copula 函数：

$$C_{Gumbel}(u_1, u_2, \cdots, u_d) = \exp\left\{-\left[(-\ln u_1)^\theta + \cdots + (-\ln u_d)^\theta\right]^{\frac{1}{\theta}}\right\}$$

$$(6-17)$$

二元 Archimedean Copula 可以度量正或者负的相依关系，而三元以上的 Archimedean Copula 函数一般只用来度量正的相依结构。

图 6 - 1 分别为正态函数、Clayton 函数、Frank 函数和 Gumbel Copula 函数的等高图与密度图。

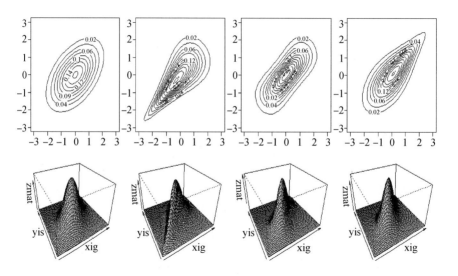

图 6 - 1　常用参数 Copula 函数等高图与密度图

下面介绍二元情况下三种特殊的 Copula 函数类别：独立 Copula 函数、Frechet 上界 Copula 函数和 Frechet 下界 Copula 函数。

独立 Copula 函数：$C_I(u_1, u_2) = u_1 u_2$。

Frechet 上界 Copula 函数：$C_U(u_1, u_2) = \min\{u_1, u_2\}$。

Frechet 下界 Copula 函数：$C_L(u_1, u_2) = \max\{0, u_1 + u_2 - 1\}$。

对于连续边缘分布，随机向量 (X_1, X_2) 是独立的，当且仅当 $C = C_I$；(X_1, X_2) 是同单调的，当且仅当 $C = C_U$；(X_1, X_2) 是反单调的，当且仅当 $C = C_L$。一般有 $C_L(u_1, u_2) \leqslant C(u_1, u_2) \leqslant C_U$

$(u_1,\ u_2)$。

多元变量的独立 Copula 函数、Frechet 上界 Copula 函数和 Frechet 下界 Copula 函数可分别推广为：

$$C_I(u) = \prod_{i=1}^{n} u_i$$
$$C_U(u) = \min\{u_1, u_2, \cdots, u_n\}$$
$$C_L(u) = \max\left\{\sum_{i=1}^{n} u_i - (n-1), 0\right\}, u \in [0,1]^n \qquad (6-18)$$

图 6-2 展示了独立和 Frechet 界 Copula 函数等高图与密度图。对于多元 Frechet 下界 Copula 函数，上式只是在二元基础上的形式推广，实际上不一定满足成为 Copula 函数的条件。

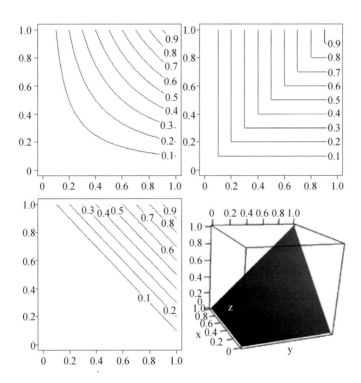

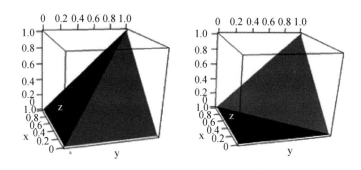

图 6 – 2 独立和 Frechet 界 Copula 函数等高图与密度图

在巨灾保险的极值理论中还会用到极值 Copula 函数。对于任意 $(u, v) \in I^2$，$t > 0$，若一个 Copula 函数有 $C(u', v') = [C(u, v)]'$，则称它为二元极值 Copula 函数。

极值 Copula 函数具有极大稳定性，即令 (X_1, Y_1)，(X_2, Y_2)，…，(X_n, Y_n) 为来自一个极值 Copula 函数 C 的独立随机数组，定义 $M_n = \max(X_1, X_2, \cdots, X_n)$，$N_n = \max(Y_1, Y_2, \cdots, Y_n)$，则 C 仍然为关于 (M_n, N_n) 的 Copula 函数。

极值 Copula 函数可以表示为：

$$C(u, v) = \exp\left[\ln(uv) A\left(\frac{\ln u}{\ln uv}\right)\right] \tag{6-19}$$

式中，$A(\cdot)$：$[0, 1] \rightarrow [1/2, 1]$ 是一个凸函数，满足 $\max(t, t-1) \leqslant A(t) \leqslant 1$，$t \in [0, 1]$。函数 $A(t)$ 称为相依函数。

前面介绍的 Gumbel Copula 函数是最常用的极值 Copula 函数，其函数形式为：

$$C(u_1, u_2; \delta) = \exp\{-[(-\ln u_1)^\delta + (-\ln u_2)^\delta]^{1/\delta}\}, \quad \delta \geqslant 1 \tag{6-20}$$

相依函数为 $A(t) = [t^\delta + (1-t)^\delta]^{1/\delta}$，$\delta$ 参数表示相依程度，当 $\delta = 1$ 时，X_1 和 X_2 相互独立；当 $\delta \rightarrow \infty$ 时，相依程度趋向于完全相依。进一步地，Gumbel Copula 函数可以捕获上尾相依系数，$\lambda_U = 2 - 2^{1/\delta}$。

其他较为常用的极值 Copula 函数有 Tawn Copula 函数、Husler Reiss Copula 函数、BB5 Copula 函数和 Galambos Copula 函数等，更多关于极值 Copula 函数的相关研究主要有 Di Clemente 和 Romano（2004）、Frahm 等（2005）、De Haan 等（2008）、Ben Ghorbal 等（2009）、Genest 和 Segers（2009）、Wang 等（2010）。

第三节　Copula 函数参数估计

实际应用中，经常用 Copula 函数来构建边缘分布带有协变量时的相依关系，此时，需要同时估计边缘分布的参数和 Copula 函数的参数。Trivedi 和 Zimmer（2007）总结了三种主要估计方法：①全极大似然估计方法（FML），直接同时估计所有参数，方法简单直观，但估计效率不高；②两阶段极大似然估计方法（TSML），先估计边际分布的参数，再估计 Copula 函数中的相依参数，估计效率较高，但需要选取合适的初始值；③广义矩估计（GMM），它需要先产生矩函数。目前应用最为广泛的是两阶段极大似然估计方法。

由斯克尔定理可知，参数 $\theta = (\theta_1, \cdots, \theta_p, \theta_c)'$ 的 p 元随机变量密度函数为：

$$f(x_1, \cdots, x_p; \theta)$$

$$= c[F_1(x_1; \theta_1), \cdots, F_1(x_p; \theta_p); \theta_c] \prod_{i=1}^{n} f_i(x_i; \theta_i)$$

$$= c(u_1, \cdots, u_p; \theta_c) \prod_{i=1}^{n} f_i(x_i; \theta_i) \tag{6-21}$$

式中，$u_i = F_i(x_i; \theta_i)$，$i = 1, \cdots, p$ 为参数边缘分布函数，$f_i(\cdot)$，$i = 1, \cdots, p$ 是边缘密度函数，$c(u_1, \cdots, u_p; \theta_c)$ 为参数 Copula 函数的密度函数。样本 $(x_{1j}, \cdots, x_{pj})$，$j = 1, \cdots, n$ 的对数似然为：

$$l(x_{11}, \cdots, x_{p1}, \cdots, x_{1n}, \cdots, x_{pn}; \theta)$$

$$= \sum_{j=1}^{n} \left\{ \ln c\left[F_1(x_{1j};\theta_1), \cdots, F_1(x_{pj};\theta_p);\theta_c \right] + \sum_{i=1}^{p} \ln f_i(x_{ij};\theta_i) \right\}$$

$$(6-22)$$

当维数较低、参数个数较少时，全极大似然方法可以较方便地得出参数 θ 的最优估计。当维数较高、参数个数又很多时，全极大似然方法不便于寻找最优参数。此时，从 Copula 函数的特点出发，提出了两阶段极大似然估计方法。

两阶段极大似然估计方法的步骤是：

第一阶段，估计边缘分布参数：

$$\hat{\theta}_i = \underset{\theta_i}{\operatorname{argmax}} \sum_{j=1}^{n} \ln f_i(x_{ij};\theta_i), i = 1, \cdots, d$$

第二阶段，估计 Copula 参数：

$$\hat{\theta}_c = \underset{\theta_c}{\operatorname{argmax}} \sum_{j=1}^{n} \left\{ \ln c\left[F_1(x_{1j};\hat{\theta}_1), \cdots, F_1(x_{dj};\hat{\theta}_d);\theta_c \right] \right\}$$

相对于全极大似然法，两阶段极大似然估计方法简化了参数估计过程，提高了估计效率。

第四节　相依风险度量

一　全局风险相依性度量

设连续随机向量(X, Y)的联合分布函数为 F(·)，边缘分布函数分别为 $F_X(\cdot)$ 和 $F_Y(\cdot)$，C(·)为 X 与 Y 的 Copula 函数，U = $F_X(X)$，V = $F_Y(Y)$，根据斯克拉定理有：F(X, Y) = C[$F_X(X)$，$F_Y(Y)$] = C(U, V)。

定义 6.7　对于相关结构 Copula 函数为 C 的两个连续型随机变量 X 和 Y，若它们具有有限方差，则皮尔逊相关系数定义为：

$$r_P(X, Y) = \frac{\text{Cov}(X, Y)}{\sqrt{\text{VaR}(X)\,\text{VaR}(Y)}} \qquad (6-23)$$

它是度量线性相关性的测度，并且有：

$$r_P(X,Y) = \frac{1}{\sqrt{\mathrm{VaR}(X)\mathrm{VaR}(Y)}} \int_0^1 \int_0^1 [C(u_1,u_2) - u_1 u_2] \mathrm{d}F_X^{-1}(u_1) \mathrm{d}F_Y^{-1}(u_2)$$

$$(6-24)$$

皮尔逊秩相关系数为：

$$r_S(X,\ Y) = r_P(U,\ V)$$

$$= \frac{E(UV) - 1/4}{1/12}$$

$$= 12E(UV) - 3 \qquad (6-25)$$

即可以用（U，V）的皮尔逊相关系数来定义，并且有：

$$r_S(X,\ Y) = 12E[F_X(X)F_Y(Y)] - 3 \qquad (6-26)$$

$$r_S(X,Y) = 12\int_0^1 \int_0^1 C(u,v)\mathrm{d}u\mathrm{d}v - 3$$

$$= 12\int_R \int_R [F(x,y) - F_X(x)F_Y(y)]\mathrm{d}x\mathrm{d}y \qquad (6-27)$$

肯德尔（Kendall）秩相关系数 r_K 为：

$$r_K(X,Y) = 4\int_0^1 \int_0^1 C(u,v)\mathrm{d}C(u,v) - 1$$

$$= 4E[C(U,V)] - 1 \qquad (6-28)$$

上述三种相关性度量指标具有一些相同的性质：

（1）对称性；

（2）相关系数取值在［-1，1］之间，当随机变量相互独立时，相关系数为 0；

（3）保持相关性排序不变，即若 $(X_1,\ Y_1)$ 比 $(X_2,\ Y_2)$ 的相关性更强，则 $(X_1,\ Y_1)$ 的三个相关系数都相应地比 $(X_2,\ Y_2)$ 的相关系数大。

二　尾部风险相依性度量

尾部相依性测度刻画了在极端事件发生时两个风险之间的相依性程度，可以用来选择合适的 Copula 函数，在极值理论中也有重要应用。常用的尾部相依性度量主要有上尾相依系数 λ_U 和下尾相依系数 λ_L。

设 F_u 表示 X 和 Y 均小于 u 的条件下它们的联合分布，上尾相依系数 λ_u 表示当观测到 Y 出现较大值时，X 也出现较大值的概率；下尾相依系数 λ_l 表示两个变量都出现较小值的概率，即 $\lambda_u = \lim\limits_{u \to 1} Pr[\, X > F_x^{-1}(u) \mid Y > F_y^{-1}(u)\,]$，$\lambda_l = \lim\limits_{u \to 0} Pr[\, X \leqslant F_x^{-1}(u) \mid Y \leqslant F_y^{-1}(u)\,]$。

当 $F_X(\cdot)$ 和 $F_Y(\cdot)$ 都是连续分布函数时，可以用 Copula 函数表示为：

$$\lambda_u = \lim_{u \to 1} \frac{1 - 2u + C(u,\ u)}{1 - u}$$

$$\lambda_l = \lim_{u \to 0} \frac{C(u,\ u)}{u}$$

式中，λ_U、$\lambda_L \in [0,\ 1]$。当 $\lambda_L > 0$ 时，称 X 与 Y 下尾渐近相依；当 $\lambda_U > 0$ 时，称 X 与 Y 上尾渐近相依；当 $\lambda_L = 0$ 时，称 X 与 Y 下尾渐近独立；当 $\lambda_U = 0$ 时，称 X 与 Y 上尾渐近独立。

由 Copula 函数和尾部相依定义计算，可得 Clayton Copula 函数的上尾相依系数 $\lambda_U = 0$，下尾相依系数 $\lambda_L = 2^{1/\theta}$；Gumbel Copula 函数的上尾相依系数 $\lambda_U = 2 - 2^{1/\theta}$，下尾相依系数 $\lambda_L = 0$；Normal Copula 函数的上尾相依系数 $\lambda_U = 0 (\rho < 1)$，$\lambda_U = 1 (\rho = 1)$，尾部渐近独立。实际上，不同的 Copula 函数具有不同的尾部特征，如 Clayton Copula 函数仅下尾相依、Gumbel Copula 函数仅上尾相依。因此，我们可以根据联合分布的尾部相依特征来选择合适的 Copula 函数。

第七章　基于多元分布的相依风险精算模型

非寿险精算的核心内容之一是确定费率因子并准确地预测损失，进而厘定费率和度量风险。目前广泛应用的广义线性模型假设损失分布服从指数分布族，假设各风险损失之间是相互独立的，这样，可以简化模型，方便计算。但是，在实践中存在很多相依风险关系，比如，一次地震可能使很多房屋倒塌受损、一场干旱可能影响到大片区域的作物减产量、一次交通事故中可能同时产生车辆损失和第三者责任损失等。

对于相依关系下的损失模型，一种直观的方法就是把独立的一元分布假设通过添加公共随机变量等方式推广到多元分布。本章将构建基于多元分布精算模型，估计具有相依关系的风险损失，并应用到费率厘定和风险度量中。主要应用零膨胀二元泊松回归模型估计损失次数，建立二元伽马回归模型估计损失金额。

第一节　相依两阶段损失模型结构

保险精算中的损失数据一般由损失次数 N 和损失金额 Y 两部分组成，目前常用的定价方法是应用广义线性模型，分别估计损失次数和发生赔付时的损失金额，再把两者复合得到累积损失分布，这称为两阶段模型，是由伦德伯格（Lundberg，1903）最早提出来的，更详细地介绍可参见鲍尔斯等（Bowers et al.，1997）。具体复合形式下的累积分布计算比较复杂，需要应用卷积、近似、递推或者随机模拟等方法，一般直接把期望损失次数和金额相乘来作为累积损失的估计，计算纯保费。

传统的两阶段模型一般假设损失次数服从相互独立的泊松分布，其优点是模型结构简单，方便解释，运算效率高。但实际保险中的损失次数往往存在某种相依关系，而且具有零膨胀和过离散等特点。比如，一份车险保单可能同时承保车损险、第三者责任险和其他各种附加险，大多数保单没有赔付，而当发生事故时可能同时造成多种保险赔付。

对于这种相依关系风险变量的研究，一种直观的方法是引入共同随机效应，将独立时的一元损失分布假设推广到多元分布，再引入费率因子作为自变量，通过建立多元分布回归模型来估计对损失的影响，进而合理定价。

对于包含损失次数和金额两部分的数据结构，一般建立所谓的两阶段模型来分别估计，即：

$$f(N_i, Y_{ij}) = f(N_i) \times f(Y_{ij} \mid N_i) \tag{7-1}$$

一般假设损失次数 N_i 和损失金额（$Y_{ij} \mid N_i$）之间是相互独立的，而同一保单的每次损失金额（$Y_{ij} \mid N_i$）之间是独立同分布的。

当有多种损失时，传统两阶段模型假设不同损失之间是相互独立性的。特别地，对于同时发生车辆损失和第三者责任损失的二元情况，有：

$$\begin{aligned} f(N_{i1}, N_{i2}, Y_{ij1}, Y_{ij2}) &= f(N_{i1}, N_{i2}) \times f(Y_{ij1}, Y_{ij2} \mid N_{i1}, N_{i2}) \\ &= f(N_{i1}) \times f(N_{i2}) \times f(Y_{ij1} \mid N_{i1}) \times f(Y_{ij2} \mid N_{i2}) \end{aligned}$$
$$\tag{7-2}$$

实际中，车辆损失和第三者责任损失经常同时发生，两种损失次数之间往往具有一定的相依关系。

两阶段模型的具体实现过程如下：

第一阶段，估计损失次数。传统模型一般假设服从独立的泊松分布，泊松分布的优点是单参数分布，计算简单，解释方便。但是，没有考虑相依关系，而且泊松分布的方差等于均值，而实践中的损失次数分布往往存在零膨胀和过离散的特点，即在零点有概率累积，从而导致分布的方差大于均值。例如，可能由于投保人和保险公司增强了风险防范意识，导致大多数保单不会发生索赔。此时，若仍使用泊松回归模型，则可能会低估参数的标准误，高估显著性水平，在模型中保留过多的解释变量，导致费率厘定结果的不稳定。因此，我们将假设损失次数服从零膨胀二元泊松分布，既通过添加公共变量度量了风险间的相依关系，又满足边缘分布的零膨胀和过离散特征。

第二阶段，估计发生的损失金额。传统模型一般应用广义线性模型，假设损失金额服从指数分布族中的伽马分布，而且只对与均值有关的位置参数建立回归模型。伽马分布变量大于零，尾部比正态分布厚，形式比较简单。实际中的损失金额分布一般由于某些保单在保险期间的累积损失金额可能很大，所以右尾较长，具有明显的厚尾特征。对于正的右偏厚尾连续损失金额变量，除伽马分布外，常用的还有对数正态分布和帕累托分布等非指数分布族。另外，形状和尺度等分布参数也可能存在异质性。我们将用 GAMLSS 模型改进传统的广义线性模型，考虑选择更多的分布假设，并对各分布参数同时建立费率因子的回归模型。

因此，本章构建的相依两阶段模型结构为：

$$f(N_{i1},\cdots,N_{ip},Y_{ij1},\cdots,Y_{ijp}) = f(N_{i1},\cdots,N_{ip}) \times \sum_{k=1}^{p} f(Y_{ijk} \mid N_{ik})$$

$$(7-3)$$

第二节　多元分布回归模型

一　零膨胀二元泊松回归损失次数模型

对于损失次数模型，在一元情况下，一般假设服从泊松分布，当零点有概率堆积时，可以推广为零膨胀泊松分布。对于二元情况，当独立性假设成立时，例如，同时估计相依关系下的车辆损失和第三者责任损失次数，一种直观的想法是先假设服从二元泊松分布或者零膨胀二元泊松分布，然后再引入解释变量，建立回归模型。关于二元泊松分布，有很多构造的方法，具体可参见 Kocherlakota 和 Kocherlakota（2006）。本书采用其中较为常用的三变量还原法。

假设相互独立的随机变量 W_1、W_2、W_3 都服从泊松分布，参数分别为 λ_1、λ_2、λ_3。引入公共变量，令 $N_1 = W_1 + W_3$，$N_2 = W_2 + W_3$，则（N_1，N_2）的联合分布为二元泊松分布，概率函数为：

$$P[N_1 = n_1, N_2 = n_2]$$
$$= P[W_1 + W_3 = n_1, W_2 + W_3 + n_2]$$
$$= \sum_{j=0}^{min(n_1,n_2)} P[W_1 = n_1 - j, W_2 = n_2 - j, W_3 = j]$$
$$= \sum_{j=0}^{min(n_1,n_2)} P[W_1 = n_1 - j] P[W_2 = n_2 - j, W_3 = j]$$
$$= \sum_{j=0}^{min(n_1,n_2)} \frac{\lambda_1^{n_1-j}}{(n_1-j)!} \frac{\lambda_2^{n_2-j}}{(n_2-j)!} \frac{\lambda_3^j}{j!} e^{-(\lambda_1+\lambda_2+\lambda_2)}$$
$$= e^{-(\lambda_1+\lambda_2+\lambda_2)} \lambda_1^{n_1} \lambda_2^{n_2} \sum_{j=0}^{min(n_1,n_2)} \left(\frac{\lambda_2}{\lambda_1+\lambda_2}\right)^j \frac{1}{(n_1-j)!(n_2-j)!j!}$$
$$= e^{-(\lambda_1+\lambda_2+\lambda_2)} \frac{\lambda_1^{n_1}}{n_1!} \frac{\lambda_2^{n_2}}{n_2!} \sum_{j=0}^{min(n_1,n_2)} \binom{n_1}{j}\binom{n_2}{j} j! \left(\frac{\lambda_3}{\lambda_1+\lambda_2}\right) \qquad (7-4)$$

由联合分布容易得到二元泊松变量（N_1，N_2）的分布特征：
边缘泊松分布的期望和方差分别为 $\lambda_1 + \lambda_3$ 和 $\lambda_2 + \lambda_3$，即：

$$E[N_1] = E[W_1 + W_3] = \lambda_1 + \lambda_3,$$
$$E[N_2] = E[W_2 + W_3] = \lambda_2 + \lambda_3,$$
$$VaR[N_1] = VaR[W_1 + W_3] = \lambda_1 + \lambda_3,$$
$$VaR[N_2] = VaR[W_2 + W_3] = \lambda_2 + \lambda_3; \qquad (7-5)$$

联合分布为：

$$E[N_1 N_1] = E[(W_1 + W_3)(W_2 + W_3)]$$

$$= E\left[W_1 W_2 + W_1 W_3 + W_2 W_3 + W_3^2 \right]$$

$$= \lambda_1 \lambda_2 + \lambda_1 \lambda_3 + \lambda_2 \lambda_3 + \lambda_3^2 + \lambda_3 = \lambda_3 + (\lambda_1 + \lambda_3)^2$$

$$(7-6)$$

协方差为：

$$\mathrm{Cov}\left[N_1, N_2 \right] = \mathrm{Cov}\left[W_1 + W_3, W_2 + W_3 \right]$$

$$= \mathrm{VaR}\left[W_3 \right] = \lambda_3 \qquad (7-7)$$

即公共变量 W_3 的泊松参数。

相关系数为：

$$\rho = \frac{\mathrm{Cov}\left[N_1, N_2 \right]}{\sqrt{\mathrm{VaR}\left[N_1 \right] \mathrm{VaR}\left[N_2 \right]}}$$

$$= \frac{\lambda_3}{(\lambda_1 + \lambda_3)(\lambda_2 + \lambda_3)} \qquad (7-8)$$

进一步地，可以得到二元泊松变量（N_1，N_2）的常用性质如下：

（1）边缘分布服从泊松分布，参数分别为 $\lambda_1 + \lambda_3$ 和 $\lambda_2 + \lambda_3$；

（2）公共变量 W_3 的参数 λ_3 决定了 N_1 和 N_2 间的相依关系，而 $\lambda_3 \geqslant 0$，故二元泊松分布只能度量非负的相依性，当 $\lambda_3 = 0$ 时，退化为双独立泊松分布变量（W_1，W_2）；

（3）对变量的和 $N = N_1 + N_2$，有：

$$E\left[N \right] = E\left[N_1 + N_2 \right]$$

$$= E\left[W_1 + W_2 + 2W_3 \right]$$

$$= \lambda_1 + \lambda_2 + 2\lambda_3,$$

$$\mathrm{VaR}\left[N \right] = \mathrm{VaR}\left[N_1 + N_2 \right]$$

$$= \mathrm{VaR}\left[W_1 + W_2 + 2W_3 \right]$$

$$= \lambda_1 + \lambda_2 + 4\lambda_3 \qquad (7-9)$$

即 $\mathrm{VaR}\left[N \right] > E\left[N \right]$，因此变量和具有过离散特征。

单个风险损失次数变量往往具有零膨胀和过离散的特点。对于二元损失次数，可能会出现大量（0，0）、（1，1）、（2，2）等数据，即产生零概率堆积等对角概率堆积。下面介绍一些推广的二元泊松分布。

为了方便，记 BP 为二元泊松分布，概率函数为 $f_{BP}(n_1, n_2)$；DIBP 为对角膨胀二元泊松分布，概率函数为 $f_{DIBP}(n_1, n_2)$；N_D 为非负整数离散随机变量，服从参数为 θ 的分布 $D(n|\theta)$，概率函数为 $f_D(n|\theta)$。

参照 Bermúdezi Morata（2009）的定义，对角膨胀二元泊松分布的联合概率为：

$$f_{DIBP}(n_1, n_2) = \begin{cases} (1-p)f_{BP}(n_1, n_2|\lambda_1, \lambda_2, \lambda_3,), & n_1 \neq n_2, \\ (1-p)f_{BP}(n_1, n_2|\lambda_1, \lambda_2, \lambda_3,) + pf_D(n_1|\theta), & n_1 = n_2 \end{cases}$$

$$(7-10)$$

式中，对角点处的额外概率为 p，取值分为简单二元泊松抽样概率和额外概率两部分，当 $p=0$ 时，退化为简单二元泊松分布，$D(n|\theta)$ 可以是泊松分布、几何分布或更一般的离散分布。边缘概率为：

$$f_{DIBP,i}(n) = (1-p)f_{PO}(n|\lambda_i + \lambda_3) + pf_D(n|\theta), \quad i=1, 2$$

$$(7-11)$$

是一元膨胀泊松分布，即泊松分布和离散分布的混合。

由联合概率可以得到对角膨胀二元泊松变量（N_1, N_2）的各种分布特征：

边缘分布的期望为：

$$E[N_i] = (1-p)(\lambda_i + \lambda_3) + pE_D[N_D] \qquad (7-12)$$

方差为：

$$VaR[N_i] = (1-p)(\lambda_i + \lambda_3)^2 + (\lambda_i + \lambda_3) + pE_D[N_D^2] - \{(1-p)(\lambda_i + \lambda_3) + pE_D[N_D]\}^2 \qquad (7-13)$$

协方差为：

$$Cov[N_1, N_2] = (1-p)[\lambda_3 + (\lambda_1 + \lambda_3)(\lambda_2 + \lambda_3)] + pE_D[N_D^2] - (1-p)^2(\lambda_1 + \lambda_3)(\lambda_2 + \lambda_3) - (1-p)pE_D[N_D]$$
$$(\lambda_1 + \lambda_2 + 2\lambda_3) - p^2E_D^2[N_D]$$

$$= \lambda_3 \{ (1-p)(1+\lambda_1+\lambda_2+\lambda_3) - (1-p)^2$$
$$(\lambda_1+\lambda_2+\lambda_3) - 2(1-p)pE_D[N_D] \} + \{ p(1-p)$$
$$\lambda_1\lambda_2 - (1-p)pE_D[N_D](\lambda_1+\lambda_2) + pE_D[N_D^2] -$$
$$p^2 E_D^2[N_D] \}\qquad (7-14)$$

它受二元泊松分布中的构造变量 W_1、W_2、W_2 及对角膨胀的离散变量 N_D 共同影响，可能小于零，即出现负的相依关系。当 $\lambda_3=0$ 时，协方差只剩后半部分，仍然可能相关；进一步地，协方差为 0，此时即为二元独立泊松分布。

当对角膨胀二元泊松分布中的 $D(n|\theta)$ 为退化的零点分布，即 $N_D \equiv 0$ 时，退化为二元零膨胀泊松分布（Zero Inflated Bivariate Poisson，ZIBP），应用较为广泛，它的概率函数为：

$$\begin{cases} P[N_1=0, N_2=0] = p + (1-p)e^{-(\lambda_1+\lambda_2+\lambda_3)} \\ P[N_1=n_1, N_2=n_2] = (1-p) \sum_{j=1}^{\min(n_1,n_2)} \dfrac{\lambda_1^{n_1-j}\lambda_2^{n_2-j}\lambda_3^{j}}{(n_1-j)!(n_2-j)!j!} e^{-(\lambda_1+\lambda_2+\lambda_3)} \end{cases}$$
$$(7-15)$$

其中，$n_1 \times n_2 \neq 0$。

$E_D[N_D] = E_D[N_D^2] = 0$，故有：

$E_{ZIBP}[N_k] = (1-p)(\lambda_i+\lambda_3)$，

$\text{VaR}_{ZIBP}[N_i] = (1-p)[(\lambda_i+\lambda_3) + p(\lambda_i+\lambda_3)^2]$，$i=1,2$

$E_{ZIBP}[N_1 N_2] = (1-p)[\lambda_3 + (\lambda_1+\lambda_3)(\lambda_2+\lambda_3)]$

$\text{Cov}_{ZIBP}[N_1 N_2] = (1-p)\lambda_3 + p(1-p)(\lambda_1+\lambda_3)(\lambda_2+\lambda_3)$ $\quad(7-16)$

ZIBP 中的方差大于期望，额外零点的概率 p 和公共变量的泊松参数 λ_3 越大，两者的差也越大，即过离散特征越明显。

建立回归模，分析费率因子通过分布参数对损失次数产生的影响，有：

$$\begin{cases} (N_{i1}, N_{i2}) \sim ZIBP(\lambda_{i1}, \lambda_{i2}, \lambda_{i2}, p_i) \\ \log\left(\dfrac{p_i}{1-p_i}\right) = \alpha \\ \log(\lambda_{ik}) = X'_{ik}\beta_k \end{cases} \qquad (7-17)$$

式中，X'_{ik} 为费率因子解释向量，β_k 为对应的待估计回归系数向量，$k = 1$，2，3。

模型中引入费率因子的方式根据实际需要可以有不同的选择：

（1）对 λ_{1i}、λ_{2i} 和 λ_{3i} 分别引入不同的费率因子；

（2）把 λ_{3i} 作待估计的未知常数项，对 λ_{1i} 和 λ_{2i} 引入费率因子；

（3）对 λ_{1i} 和 λ_{2i} 引入相同的费率因子，且 $\beta_1 = \beta_2$，此时又称为一致性假设。

对于其他二元泊松及推广分布下的回归模型，也有类似的表达形式。对于二元负二项分布回归等其他多元分布，或零膨胀三元泊松回归模型等多维损失次数变量，模型则比较复杂，一般不易实现。

二 二元麦凯伽马回归损失金额模型

对于损失金额模型，一元情况下，通常假设服从伽马分布。而对于二元情况，一种直观的想法是假设多风险损失金额服从二元伽马分布，它相对多元对数正态分布、多元逆高斯分布等其他多元连续分布而言，构造形式简单，解释直观方便。而多元正态分布尽管应用更加方便，但其边缘正态分布不符合损失金额分布的厚尾特征。

科茨等（2000）介绍了多种构造二元伽马分布的方法，大多采用条件构造法，其中，较易实现的是麦凯（Mckay）构造的二元伽马分布（MBG）。其原理是：由正态分布随机产生 N 个独立样本 $(X_1, \cdots, X_N)$，若 s_N^2 为样本方差，而 s_n^2 为其中 n 个子样本的方差，则和的联合分布即为麦凯二元伽马分布。

对于二元损失金额 (Y_1, Y)，麦凯二元伽马分布的联合密度为：

$$f(y_1, y) = \frac{a^{p+q}}{\Gamma(p)\Gamma(q)} x^{p-1} (y-x)^{q-1} e^{-ay} \qquad (7-18)$$

式中，$y > y_1 > 0$，a、p、$q > 0$。

麦凯二元伽马分布具有一些良好的性质方便应用：

Y_1 和 Y 的边缘分布都是伽马分布，它们有共同的形状参数 a，尺度参数分别为 p 和 p + q，即均值分别为 a/p 和 a/(p + q)，方差分

别为 a/p^2 和 $a/(p+q)^2$。

已知 Y_1 后两者差的条件变量 $(Y-y_1 \mid Y_1=y_1)$ 服从伽马分布，形状参数也是 a，尺度参数为 q；已知 Y 后两者商的条件变量 $(Y_1 \mid Y=y)$ 服从贝塔（β）分布，参数为 p 和 q；Y_1 和 Y 的皮尔逊相关系数为 $\sqrt{p/(p+q)}$。

损失金额（Y_1，Y）服从麦凯二元伽马分布的优点是形式简单，分布参数解释直观方便，边缘分布都为伽马分布，而且相依关系容易度量；缺点是假设有共同的形状参数 a，只能度量正的相依关系，而且要求一种风险每次的损失金额都比另一种大，这对于一般的保险损失数据而言很难直接满足。为此，我们先令 $Y=Y_1+Y_2$ 为总损失，这样，可以保证总损失 Y 比单独的损失 Y_1 大；然后估计出总损失 $\hat{Y}$ 和 $\hat{Y}_1$；最后取 $\hat{Y}_2=\hat{Y}-\hat{Y}_1$，得到的 $(\hat{Y}_1$，$\hat{Y}_2)$ 即为待估损失金额。若主要分析总损失 Y，则直接估计出 $(\hat{Y}_1$，$\hat{Y})$ 即可，这也可以看成是应用麦凯二元伽马分布估计损失的一个优点。

考虑费率因子对损失金额的影响，建立麦凯二元伽马回归模型为：

$$\begin{cases} (Y_{1,i}, \; Y_i) \sim MBG(a_i, \; p_i, \; q_i) \\ \log(a_i) = \alpha \\ \log(p_i) = X'_{p_i}\beta_p \\ \log(q_i) = X'_{q_i}\beta_q \end{cases} \qquad (7-19)$$

式中，α 为假设各保单具有共同形状参数时的待估计值，X'_{p_i} 和 X'_{q_i} 为费率因子所构成的解释向量，它们分别影响 $Y_{1,i}$ 和 Y_i 的尺度参数 p 和 q，β_p、β_q 为对应的待估计回归系数。

需要注意的是，对于两阶段模型中的第二个阶段，即损失金额部分，不能直接应用二元伽马回归模型估计，只能在独立分布假设下分别估计各类别的损失金额，本书用 GAMLSS 模型来改进传统的广义线性模型。这是因为二元伽马分布要求 $y > y_1 > 0$，即两种损失必须同时发生，而在两阶段模型结构中，即使一份保单既有车辆损失又有第三者责任损失，也不能保证两种损失发生在同一次事故中。也就是说，当 $N_{i1} > 0$ 且 $N_{i2} > 0$ 时，虽然可得 $(Y_{ij1} \mid N_{i1}) > 0$ 和 $(Y_{il2} \mid N_{i2}) > 0$，但不能保证对于相同的第 j 次损失，$(Y_{ij1} \mid N_{i2}) > 0$ 和 $(Y_{ij1} \mid N_{i2}) > 0$ 同时成立。

第三节　相依两阶段模型损失预测与风险度量

一　模型估计

传统模型假设不同风险的损失次数之间和损失金额之间都是相互独立的，并分别用广义线性模型来估计。本章构建的相依两阶段模型考虑了损失次数之间的相依关系，用零膨胀二元回归模型来估计，并用 GAMLSS 模型估计独立的损失金额，是传统两阶段模型的改进和推广。

对于损失次数的零膨胀二元回归模型，有多种参数估计方法，包括 EM 算法、Newton – Raphson 迭代法、广义最小二乘法和 MCMC 算法等，具体可分别参考 Kocherlakota 和 Kocherlakota（2001）、Karlis 和 Meligkotsidou（2005）、Ho 和 da Motta Singer（2001）以及 Karlis 和 Meligkotsidou（2005）等。其中，EM 算法由于计算效率高，应用最为广泛，本书也采用这种方法。它有两个迭代步骤，首先通过 E 步来求得条件期望，然后是 M 步，极大化条件数学期望来估计参数。对于损失金额的 GAMLSS 模型，我们应用计算效率更高的 RS 算法。

保险精算中，主要关心纯保费，即累积损失 $S_i = Y_{i1}$，…，Y_N 的期望。因此，可以通过把损失次数和损失金额的期望相乘得到。

对于多类别风险的损失，传统的广义线性模型一般假设它们之间是相互独立的，分别单独估计各自风险的损失，然后再相加作为总损失。

二　损失预测

保险精算中损失预测是费率厘定和风险管理的前提和基础，在两阶段模型中主要分析下面四种损失变量：

保单 i 在第 j 次赔付中发生第 k 类损失的金额为 Y_{ijk}；

保单 i 发生第 k 类损失的和为：

$$S_{i,\cdot,k} = Y_{i,1,k} + \cdots + Y_{i,N_{ik},k} \qquad (7-20)$$

保单 i 的累积损失为：

$$S_i = \sum_k S_{i,\cdot,k} \qquad (7-21)$$

所有保单的总损失为：

$$S = \sum_{i=1}^{n} S_i \qquad (7-22)$$

在保险精算中，比较关心的损失变量是个体保单的累积损失 S_i 和总损失 S，其均值分别对应个体保单纯保费和总体纯保费。

在相依两阶段模型中，令：

$$\mu_{i,N_{ik},k} = E[Y_{ijk} \mid N_{ik}] \qquad (7-23)$$

则有：

$$
\begin{aligned}
E[Y_{ijk}] &= E_N\{E_Y[Y_{ijk} \mid N_{ik}]\} \\
&= \sum_{l=j}^{\infty} \{E[Y_{ijk} \mid N_{ik} = l] \times \Pr(N_{ik} = l)\} \\
&= \sum_{l=j}^{\infty} [\mu_{i,l,k} \times \Pr(N_{ik} = l)] \qquad (7-24)
\end{aligned}
$$

当 j = 1，2，3，…时，展开得：

$$
\begin{aligned}
E[Y_{i1k}] &= \mu_{i,1,k} \times \Pr(N_{ik} = 1) + \mu_{i,2,k} \times \Pr(N_{ik} = 2) + \\
&\quad \mu_{i,3,k} \times \Pr(N_{ik} = 3) + \cdots E[Y_{i2k}] \\
&= \mu_{i,2,k} \times \Pr(N_{ik} = 2) + \\
&\quad \mu_{i,3,k} \times \Pr(N_{ik} = 3) + \cdots E[Y_{i3k}] \\
&= \mu_{i,3,k} \times \Pr(N_{ik} = 3) + \cdots \\
&\quad \vdots \qquad\qquad \vdots \qquad\qquad\qquad \vdots
\end{aligned}
$$

$$(7-25)$$

注意到 $(Y_{ijk} | N_{ik})$ 之间是独立同分布，记 $\mu_{i,\cdot,k} = \mu_{i,j,k}$，$j = 1$，$\cdots$，$\infty$，进一步地，有：

$$E[S_{i,\cdot,k}] = \mu_{i,\cdot,k} \times \sum_{l=j}^{\infty} l\Pr(N_{ik} = l) \qquad (7-26)$$

$$E[S_i] = \sum_{k} \left[\mu_{i,\cdot,k} \times \sum_{l=j}^{\infty} l\Pr(N_{ik} = l) \right] \qquad (7-27)$$

最后有：

$$E[S] = \sum_{i=1}^{n} \sum_{k} \left[\mu_{i,\cdot,k} \times \sum_{l=j}^{\infty} l\Pr(N_{ik} = l) \right]$$

$$= \sum_{i=1}^{n} \sum_{k} \{ \mu_{i,\cdot,k} \times E[N_{ik}] \} \qquad (7-28)$$

式中，$\mu_{i,\cdot,k}$ 为保单 i 的期望损失金额，用 GAMLSS 模型估计；$E[N_{ik}]$ 为保单 i 发生第 k 类损失的期望次数，用零膨胀二元泊松回归模型估计。特别地，当 $k = 1$ 时，简化为只有一种风险损失的情况。

三　风险度量

估计损失变量的主要目的是厘定费率和度量风险。

将估计出的 $E[S_i]$ 和 $E[S]$ 作为个体保单纯保费和总体纯保费。再估计不同的附加保费，即可以得到各种保费原理。例如，对于常用的方差保费 $\pi[Y] = E[Y] + \beta D[Y]$，在纯保费基础上估计出风险损失的方差即可。

VaR 和 CTE 是较为常用的风险度量指标，本书用蒙特卡洛随机模拟方法计算 90%、95% 和 99% 等风险水平下总损失 S 的 VaR 和 CTE。具体实现步骤如下：

（1）随机生成保单 i 的损失次数 (N_{i1}, N_{i2})，假设服从零膨胀二元泊松分布，分布参数由零膨胀二元泊松回归模型估计；

（2）随机生成损失金额 $(Y_{ijk} | N_{ik}) = (Y_{i\cdot k} | N_{ik})$，假设每次损失都服从独立的伽马分布，分布参数用伽马分布下的 GAMLSS 模型估计；

（3）计算保单 i 发生第 k 类损失的和，代入随机生成的损失次数和损失金额,可得 $S_{i,\cdot,k} = (Y_{i\cdot k} \mid N_{ik}) \times N_{ik}$;

（4）计算每个保单的累积损失 $S_i = \sum_k S_{i,\cdot,k}$;

（5）计算所有保单总损失 $S = \sum_{i=1}^{n} S_i$;

（6）重复上述过程,随机产生多次总损失 S,即可估计出 VaR 和 CTE;

（7）用估计出的 VaR 或 CTE 减去纯保费,进一步地,可以计算出所需准备的经济资本 $EC(S) = \rho[S] - E[S]$。

第四节　应用案例

一　多元损失分布估计

比较不同的二元泊松分布及推广形式,即不引入解释变量时的空模型,包括独立二元泊松分布（BP1）、二元泊松分布（BP2）、零膨胀二元泊松分布（ZIBP0）,以及三种更一般的对角膨胀二元泊松分布,DIBP1、DIBP2 和 DIBP3,它们的对角膨胀分布分别为 0、1 两点、泊松分布、几何分布。表 7-1 为各种分布参数估计及拟合效果的比较,其中,前三个基本泊松参数 λ_1、λ_2 和 λ_3 用对数连接函数,0 和 1 的膨胀概率 p 和 p_1 为逻辑连接函数,泊松分布和几何分布的参数 θ 为等值连接。零膨胀二元泊松分布比二元泊松分布拟合精度提高很多,相对于较为复杂的另外三种对角膨胀形式拟合精度差别不大,但形式更为简单,因此,这里假设服从零膨胀二元泊松分布。

表 7-1　　　　　　　二元泊松分布拟合损失次数比较

参数	BP1	BP2	ZIBP0	DIBP1	DIBP2	DIBP3
λ_1	-0.1047	-0.2845	0.4023	0.4129	0.4133	0.4138
λ_2	-1.6852	-3.2918	-1.8099	-1.8403	-1.8423	-1.8453

参数	BP1	BP2	ZIBP0	DIBP1	DIBP2	DIBP3
λ_3	—	-1.9091	-1.7064	-1.7138	-1.7144	-1.7148
p	—	—	0.4629	0.4712	0.4715	0.4720
p_1	—	—	—	0.0131	—	—
θ	—	—	—	—	0.0138	0.9855
AIC	351718	334069	309036	308966	308964	308961
BIC	351738	334099	309076	309017	309014	309012

二　零膨胀负二项损失次数模型

把零膨胀负二项分布作为车辆损失次数的假设分布，建立 GAMLSS 模型：

$$\begin{cases} Y_i \sim ZINB(\mu_i, \sigma_i, p_i) \\ \log(\mu_i) = X'_{\mu_i}\beta_\mu \\ \log(\sigma_i) = X'_{\sigma_i}\beta_\sigma \\ \log\left(\dfrac{p_i}{1-p_i}\right) = X'_p\beta_p \end{cases} \qquad (7-29)$$

式中，分布参数 p_i 用逻辑连接函数，即费率因子直接影响无损失发生的对数比率，$E(Y_i) = (1-p_i)\mu_i$，$\mathrm{VaR}(Y_i) = (1-p_i)\mu_i^2(p_i + \sigma_i^2)v$。

按照 AIC 准则和 BIC 准则用逐步回归法选择精度最优模型，表 7-2 为零膨胀负二项分布车损次数模型参数估计，图 7-1 为零膨胀负二项分布车损次数模型费率因子分析图，可见费率因子不仅会影响赔付发生率，也会影响发生赔付时损失次数的均值和方差。

对于第三者责任损失次数也可以建立回归模型，得到类似的结论（见表 7-2）。

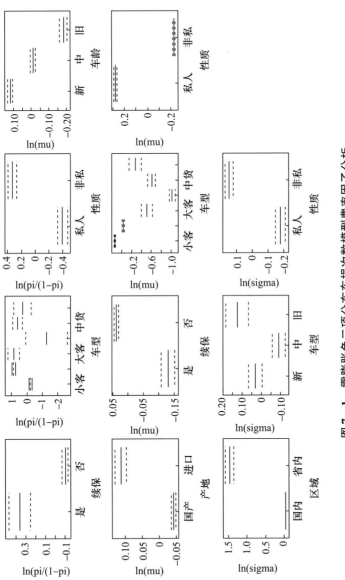

图 7－1　零膨胀负二项分布车损次数模型费率因子分析

表 7 - 2　　　　零膨胀负二项分布车损次数模型参数估计

参数	π 估计值	π 标准误	μ 估计值	μ 标准误	σ 估计值	σ 标准误
截距	- 2.4183	0.1875	0.3119	0.0236	- 0.3441	0.0411
车龄：中	—	—	- 0.1261	0.0115	- 0.1237	0.0310
车龄：旧	—	—	- 0.2995	0.0160	0.0954	0.0415
产地：进口	—	—	0.1552	0.0118	—	—
续保：否	- 0.4633	0.1088	0.1684	0.0185	—	—
车型：中客	1.0852	0.1347	- 0.1705	0.0183	—	—
车型：大客	1.0654	0.3113	- 0.6527	0.0961	—	—
车型：小货	- 1.0428	1.3622	- 0.9565	0.0616	—	—
车型：中货	0.8243	0.2703	- 0.7437	0.0662	—	—
车型：大货	0.5015	0.4548	- 0.4194	0.0958	—	—
性质：非私	0.7287	0.1466	- 0.5002	0.020	0.3262	0.0421
区域：省内	—	—	—	—	1.5071	0.0695
拟合统计量	参数个数 = 24，对数似然值 = - 116073，AIC = 232194，BIC = 232419					

三　二元麦凯伽马回归模型

用一元伽马分布较好地拟合了单个风险的损失金额变量，下面用麦凯二元伽马分布假设下的回归模型来拟合车辆损失和第三者责任损失金额变量（Y_1，$Y_2 \mid N$，M）的联合分布，它可以作为三阶段模型的组成部分。

首先，变换损失金额数据，令（Y_1，$Y \mid N$，M）=（Y_1，$Y_1 + Y_2 \mid N$，M），满足麦凯二元伽马分布的条件。

其次，引入影响显著的费率因子，建立麦凯二元伽马分布假设下的回归模型：

$$\begin{cases} (Y_{1,i}, Y_i) \sim MBG(a_i, p_i, q_i) \\ \log(a_i) = \alpha \\ \log(p_i) = X'_{pi}\beta_p \\ \log(q_i) = X'_{qi}\beta_q \end{cases} \qquad (7-30)$$

式中，$E[Y_{1,i}] = a/p_i$，$\mathrm{VaR}[Y_{1,i}] = \dfrac{a}{p_i}^2$，$E[Y_i] = a/(p_i + q_i)$，$\mathrm{VaR}[Y_i] = \dfrac{a}{(p_i + q_i)}^2$，$\rho[Y_{1i}, Y_i] = \sqrt{p_i/(p_i + q_i)}$。特别地，当只有一种损失时，退化为一元伽马分布下的广义线性模型。

最后，还原数据形式，令 $(\hat{Y}_1, \hat{Y}_2 | N, M) = (\hat{Y}_1, \hat{Y} - \hat{Y}_2 | N, M)$。若需要估计总损失金额 Y，则不需要再做转换。

表 7 - 3 为二元麦凯伽马回归损失金额模型参数估计结果。

表 7 - 3　　　二元麦凯伽马回归损失金额模型参数估计结果

参数	车辆损失金额		总损失金额	
	估计值	标准误	估计值	标准误
截距	- 0.7228	0.0310	- 0.7228	0.0310
续保：否	0.0739	0.0223	0.0460	0.0220
车型：中客	- 0.1519	0.0225	0.0537	0.0222
车型：大客	- 0.4420	0.0823	0.1947	0.0757
车型：小货	- 0.2762	0.0426	- 0.2774	0.0424
车型：中货	- 0.3797	0.0397	0.3549	0.0359
车型：大货	- 0.6375	0.0600	0.3677	0.0530
车龄：旧	- 0.0247	0.0227	0.1061	0.0225
车龄：中	0.0038	0.0181	0.0758	0.0179
产地：进口	0.1211	0.0293	- 0.0545	0.0292
区域：省内	0.3450	0.0573	0.9135	0.0515
车损险保额：高	0.2304	0.0454	0.1141	0.0448
车损险保额：中	0.0336	0.0297	0.0861	0.0290
总险保额：高	0.1317	0.0415	0.0588	0.0418
总险保额：中	0.0541	0.0260	0.0202	0.0254
形状参数 α	估计值 = 8.6248，标准误 = 0.0109			
拟合统计量	参数个数 = 31，对数似然值 = - 940926，AIC = 1881914，BIC = 1882204			

第八章　基于 Copula 函数的
相依风险精算模型

多元分布尽管可以通过添加公共变量等方法来度量相依关系，但边缘分布不易推广到符合非寿险损失数据特点的更一般形式，而且对于二元以上的情况也不易实现。Copula 函数将边缘分布和相依结构分开研究，对应的多元联合分布模型有多种灵活形式，方便推广到更多元损失变量的情况。

本章将把 Copula 函数和 GAMLSS 模型结合，同时考虑损失数据的分布特征和相依关系，改进弗里斯和瓦尔德斯（2008）三阶段模型，构造更加丰富灵活的相依风险模型。

第一节　三阶段模型基础和数据结构

对于相依关系下的风险损失估计，二元分布回归模型是一种直观的方法，但要求边缘分布形式相同，可供应用的选择很少，而且一般很难推广到多元的情况，在实际的风险损失估计应用中受到局限。比如对于具有零膨胀、过离散和右偏厚尾特征的非寿险损失数据，相对于泊松分布和伽马分布等简单分布，负二项分布、逆高斯分布、对数正态分布、零膨胀分布或多参数分布等复杂分布形式是更合理的选择。而且一份保单可能包含两个以上的多险种业务，需要同时估计它们的风险损失，比如对于机动车保险，可能同时投保了交强险和商业车险，商业车险又包括车辆损失险和第三者责任保险两类主险，以及盗抢险、划痕险和自燃险等附加险等。

Copula 函数近年来广泛应用于相依风险模型中，它将多元随机变量的相关结构和边缘分布分离开来，可以自由选择不同的边缘分布形式，也可以方便推广到具有更多风险损失种类的情况，相对于二元分布更加灵活方便。

弗里斯和瓦尔德斯（2008）提出了一种三阶段损失估计模型，把赔付次数、赔付类型和损失金额的估计分为三个阶段，包括赔付次数、条件赔付类型和条件损失金额，弗里斯等（2009）又将该方法应用到保险精算中。本章将在三阶段结构基础上进一步对各部分的模型改进和推广，并应用到非寿险费率厘定和风险管理实务中。

与第三章类似，本章模型也是主要分析微观层面的损失数据，数据结构形式为：

$$\{X_i,\ N_i,\ M_{ij},\ Y_{ijk}\} \qquad\qquad (8-1)$$

式中，N_i 为赔付次数，M_{ij} 表示保单 i 发生第 j 次赔付时对应的赔付类别，$M_{ij} = 1,\ 2,\ \cdots,\ 2^p - 1$，$p$ 为损失种类。在一次赔付中，可能只有一次损失，也可能同时发生多种损失，比如，对于投保了车辆损失险和第三者责任险的商业车险保单，$M_{ij} = 1$、2、3 分别对应于只有车辆损失，只有第三者责任损失和两种损失都发生。

第二节　三阶段模型构建

一　三阶段模型结构

弗里斯和瓦尔德斯（2008）三阶段模型结构为：

$$f(N_i,\ M_{ij},\ Y_{ijk}) = f(N_i) \times f(M_{ij}|N_i) \times f(Y_{ijk}|N_i,\ M_{ij}) \qquad (8-2)$$

其中，假设同一保单的赔付类型（$M_{ij}|N_i$）是独立同分布的，同一保单对于同一类型的损失金额（$Y_{ikj}|N_i,\ M_{ij}$）也是独立同分布的。

三阶段模型把赔付次数、赔付类型和损失金额的联合估计分成了三个独立的阶段：

第一阶段，估计保单 i 的赔付次数 N_i，用负二项分布假设下的广义线性模型。考虑到损失次数具有零膨胀和过离散的特点，分布的离散程度也可能受到费率因子的影响，本书将改用零膨胀分布假设下的 GAMLSS 模型来改进估计。

第二阶段，估计条件赔付类型（$M_{ij} | N_i$），用多项逻辑回归模型分析，因方便计算和解释，本书将继续沿用这一方法。

第三阶段，估计条件损失金额（$Y_{ikj} | N_i, M_{ij}$），用 t 和正态 Copula 函数来构建不同类型损失之间的相依关系，边缘分布用广义线性模型来估计。本书将选择冈贝尔、弗兰克和克莱顿（Gumbel, Frank and Clayton）等其他参数 Copula 函数来比较，并用 GAMLSS 模型估计边缘分布。另外，还引入二元伽马回归模型估计条件损失金额，并与 Copula 函数比较。

注意到在三阶段模型中，（N_i, M_{ij}）隐含了 N_{ik} 的信息，即若已知保单 i 的赔付次数和赔付类型，也可以得到各损失类型的次数。例如，若保单 i 共发生两次赔付，第一次只有第三者责任损失，第二次既有车辆损失又有第三者责任损失，即 $N_i = 2$，$M_{i1} = 1$，$M_{i2} = 3$，则可知车损险损失次数为 2，第三者责任险损失次数为 1，即 $N_{i1} = 2$，$N_{i2} = 1$；反过来，若车损险损失次数为 2，第三者责任险损失次数为 1，则对于赔付类型除上述情况外，还可能是发生 2 次单独的车辆损失和 1 次第三者责任损失，共三次损失，即 $N_i = 3$，$M_{i1} = 1$，$M_{i2} = 1$，$M_{i3} = 2$。因此三阶段模型比两阶段模型需要更多的数据信息。

二 基于零膨胀分布的 GAMLSS 损失次数模型

非寿险精算中，关于赔付次数 N_i 的相关研究很多，目前常用的是泊松分布假设下的广义线性模型。但泊松分布不符合实际损失次数的零膨胀和过离散等特点。另外，广义线性模型假设尺度和形状等参数是固定的，而实际上它们可能存在异质性，受到费率因子的影响。下面将用零膨胀负二项分布假设下的 GAMLSS 模型来估计赔

付次数 N_i，可表示为：

$$\begin{cases} (N_i) \sim ZINB(\mu_i, \sigma_i, p_i) \\ \log(\mu_i) = X'_{1\mu_i}\beta_\mu + f_\mu(X_{2\mu_i}) \\ \log(\sigma_i) = X'_{1\sigma_i}\beta_\sigma + f_\sigma(X_{2\sigma_i}) \\ \log\left[\dfrac{p_i}{(1-p_i)}\right] = X'_{1p_i}\beta_p + f_p(X_{2p_i}) = X'_{q_i}\beta_q \end{cases} \quad (8-3)$$

式中，μ_i、σ_i 和 p_i 为零膨胀负二项分布的三个参数，分别采用对数连接和逻辑连接函数，分布参数的影响由固定效应部分和可加的随机效应两部分组成，$X_{1\mu_i}$、$X_{1\sigma_i}$ 和 X_{1p_i} 为固定效应的费率因子设计矩阵，β_μ、β_σ 和 β_p 是对应的待估计的回归系数，$X_{2\mu_i}$、$X_{2\sigma_i}$ 和 X_{2p_i} 为随机响应部分的设计矩阵，f_μ、f_σ 和 f_p 是待估计的回归系数。两个回归部分既可以是线性的参数形式，也可以加入非线性和非参数部分。此时，保单 i 赔付次数的均值为 $\mu_i(1-p_i)$，方差为 $\mu_i(1-p_i)(1+p_i\mu_i+\mu_i/\sigma_i)$。

在实际的损失估计中，若连续型解释变量和随机效应部分对估计结果影响不大，为了计算和解释的方便，可以只保留参数的线性部分，即可简化为：

$$\begin{cases} \ln(\mu_{ii}) = X'_{1\mu_i}\beta_\mu \\ \ln(\sigma_i) = X'_{1\sigma_i}\beta_\sigma \\ \ln[P_i/(1-P_i)] = X'_{1P_i}\beta_p \end{cases} \quad (8-4)$$

类似地，对于零膨胀泊松分布 $ZIP(\mu, p)$，有：

$$\begin{cases} \ln(\mu_i) = X'_{1\mu_i}\beta_\mu \\ \ln\left[\dfrac{p_i}{(1-p_i)}\right] = X'_{1p_i}\beta_p \end{cases} \quad (8-5)$$

对于负二项分布 $NB(\mu, \sigma)$，有：

$$\begin{cases} \ln(\mu_i) = X'_{1\mu_i}\beta_\mu \\ \ln(\sigma_i) = X'_{1\sigma_i}\beta_\sigma \end{cases} \quad (8-6)$$

对于泊松分布 $PO(\mu)$，有：

$$\ln(\mu_i) = X'_{1\mu_i}\beta_\mu \qquad (8-7)$$

此时即为常用的泊松分布下的广义线性模型。

对于非寿险中损失次数模型的相关研究比较多,其中,迪格尔等(Diggle et al.,2002)、博兰斯等(Bolancé et al.,2003)、弗里斯(2004)加入了时间因素的随机效应部分,考虑了时间相依关系对损失的影响,但模型比较复杂,不方便应用于实际定价。

三 多项逻辑回归模型

赔付类型 M_{ij} 为分类变量,当只有两种类型时,假设服从一般的逻辑分布即可。而通常赔付都有多种类型,可以假设 M_{ij} 服从多项逻辑分布,参照梅纳德(Menard,2001),选择 $M_{ij} = 1$ 作为基准水平的多项逻辑回归模型为:

$$\log\left[\frac{P(M_{ij} = m)}{P(M_{ij} = 1)}\right] = X'_i\beta_m \qquad (8-8)$$

式中,X'_i 为费率因子自变量的设计矩阵,β_m 表示第 m 种赔付类型的待估计回归系数向量,这里,假设费率因子对各保单赔付类型的影响相同。

注意到 $\sum_l P(M_{ij} = l) = 1$,进一步可得:

$$\begin{cases} P(M_{ij} = 1) = \dfrac{1}{1 + \displaystyle\sum_{l \neq 1} \exp(X'_i\beta_l)} \\[4mm] P(M_{ij} = k) = \dfrac{X'_i\beta_k}{1 + \displaystyle\sum_{l \neq 1} \exp(X'_i\beta_l)}, k \neq 1 \end{cases} \qquad (8-9)$$

对于多分类问题,阿格雷斯蒂(Agresti,2007)还介绍了嵌套逻辑模型等其他方法,而多项逻辑回归模型更容易实现。

四 Copula 函数损失金额模型

同时发生多种损失时,损失金额之间往往具有某种相依关系。比如,当一次赔付既有车辆损失和第三者责任损失时,它们通常具有正的相依关系,例如,当自身车辆损失大时,事故可能比较严重,对第三者责任损失也很可能偏大。

对于具有相依关系的多类别损失金额变量，可以建立二元伽马分布回归模型，但它具有分布形式单一、不易推广等缺点。

Copula 函数可以将多类别的损失金额变量分为边缘分布和相关结构两个部分来研究，允许灵活地选择边缘分布的形式，选择不同的 Copula 连接函数来构建相依关系，应用更为方便。

下面首先分析多类别损失金额的边缘分布，本书应用伽马分布假设下的 GAMLSS 模型来改进广义线性模型。

保险中的损失金额数据一般为正的连续型随机变量，一些保单可能有较大的损失金额，即尾部较厚，正态分布显然不合适。常用的分布选择主要是伽马分布、逆高斯分布、对数正态分布、帕累托分布等两参数分布，其中应用最为广泛的是伽马分布，它的分布形式相对简单。而广义伽马分布和广义逆高斯分布等三参数分布，Box—Cox 幂指数分布和广义贝塔分布等四参数分布，以及其他很多参数的分布由于形式较为复杂，不易解释和操作，在实际中应用不多，但可作为模型分布选择的参照标准。

GAMLSS 模型比广义线性模型形式更加灵活，允许因变量的分布有更丰富的选择，基于 CS 算法和 RS 算法的估计效率也更高。

若假设损失金额服从伽马分布 GA（μ，σ），应用 GAMLSS 模型，可得：

$$\begin{cases} \log(\mu_i) = X'_{1\mu_i}\beta_\mu + f_\mu(X_{2\mu_i}) \\ \log(\sigma_i) = X'_{1\sigma_i}\beta_\sigma + f_\sigma(X_{2\sigma_i}) \end{cases} \quad (8-10)$$

式中，μ_i 和 σ_i 分别为伽马分布位置和尺度参数，采用对数连接函数，伽马分布的均值和方差分别为 μ_i 和 $\mu_i\sigma_i$。

与损失次数模型类似，实际估计损失金额时一般只保留参数的固定效应部分，故模型可简化为：

$$\begin{cases} \log(\mu_i) = X'_{\mu_i}\beta_\mu \\ \log(\sigma_i) = X'_{\sigma_i}\beta_\sigma \end{cases} \quad (8-11)$$

逆高斯分布和帕累托分布下的模型形式与伽马分布类似。

对数正态分布下的 GAMLSS 模型为：

$$\begin{cases} \mu_i = X'_{1\mu_i}\beta_\mu + f_\mu(X_{2\mu_i}) \\ \log(\sigma_i) = X'_{1\sigma}\beta_\sigma + f_\sigma(X_{2\sigma_i}) \end{cases} \qquad (8-12)$$

即位置参数为等值连接函数。

然后选择参数 Copula 连接函数来度量不同类型损失金额之间的相依关系。Durrleman 等（2000）总结了 Copula 函数的选择和比较方法。基于模型的实用性和估计效率，我们主要应用正态 Copula 函数、t Copula 函数、C 克莱顿 Copula 函数、弗兰克 Copula 函数和冈贝尔 Copula 函数几种较易实现且常用的参数 Copula 函数。

最后用 Copula 函数连接边缘分布，可得到联合分布，即：

$$F(x_1, \cdots, x_n) = C[F_1(x_1), \cdots, F_n(x_n)] \qquad (8-13)$$

特别地，对于只有车辆损失和第三者责任损失（Y_{ij1}，Y_{ij2}）的联合分布函数为：

$$F(y_{ij1}, y_{ij2}) = C[F_{i,1}(y_{ij1}), F_{i,2}(y_{ij2})] \qquad (8-14)$$

式中，$F_{i,1}$ 和 $F_{i,2}$ 分别为车辆损失和第三者责任损失金额的分布函数，分布参数可由 GAMLSS 模型估计，C 为选择的参数 Copula 连接函数。对应的密度函数为：

$$f(y_{ij1}, y_{ij2}) = c[F_{i1}(y_{ij1}), F_{i2}(y_{ij2})]\prod_{k=1}^{2}f_{i,k}(y_{ijk}) \qquad (8-15)$$

式中，$f_{i,1}$ 和 $f_{i,2}$ 分别为车辆损失和第三者责任损失金额的密度函数，c 为 Copula 函数的密度函数。

第三节　三阶段模型损失估计与风险度量

一　模型估计

三阶段模型中赔付次数、赔付类型和损失金额三个阶段可以独立地分别估计。对于损失次数用最大化惩罚似然函数方法估计，当只保留参数部分而没有随机效应的非参数部分时，简化为一般的极大似然函数方法；估计赔付类型用极大似然估计方法；Copula 连接函数下的损失金额用两阶段极大似然方法（TSML）估计，先估计边际分布的参数，再估计 Copula 函数中的相依参数，最后迭代直至收敛，得到损失金额分布和 Copula 函数的参数估计；对于麦凯二元伽马回归模型，一般有距估计和极大似然等估计方法，为了方便比较拟合优度，应用极大似然方法。其中，Copula 连接函数下的损失金额估计相对复杂，下面详细介绍。

首先构造极大似然函数的表达形式。

对于保单 i，一次赔付同时发生 p 种损失时的损失金额联合密度用 Copula 函数可表示为：

$$f(y_{ij1},\cdots,y_{ijp}) = c_\alpha[F_{i1}(y_{ij1};\beta_1),\cdots,F_{il}(y_{ijl};\beta_p)]\prod_{k=1}^{p}f_{i,k}(y_{ijk};\beta_k)$$

$$(8-16)$$

则所有保单各类损失的和即为总损失，它的对数似然函数可表示为：

$$l(\theta) = \sum_{i=1}^{n}\sum_{p}\log f(y_{ij1},\cdots,y_{ijp})$$

$$= \sum_{i=1}^{n}\sum_{p}\log\left\{c[F_1(y_{ij1};\beta_1),\cdots,F_{il}(y_{ijl};\beta_p);\alpha]\prod_{k=1}^{p}f_{i,k}(y_{ijk};\beta_k)\right\}$$

$$= \sum_{i=1}^{n}\sum_{p}\log c[F_{i1}(y_{ij1};\beta_1),\cdots,F_{il}(y_{ijl};\beta_p);\alpha] +$$

$$\sum_{i=1}^{n}\sum_{p}\sum_{k=1}^{p}\log f_{i,k}(y_{ijk};\beta_k)$$

$$(8-17)$$

式中，$\theta=\{\beta_1,\cdots,\beta_l,\alpha\}$ 为所有待估计参向量，β_k 为第 k 个损失类型的边缘损失金额待估计参数向量，α 为 Copula 连接函数的参数向量。

特别地，当每次只发生一种损失或者假设各类别损失金额相互独立时，总损失的对数似然函数只剩下后半部分，即为所有保单各类型损失金额边缘分布对数似然函数的。

则参数向量 θ 的极大似然估计可表示为：

$$\hat{\theta}_{ML} = \arg\max_{\theta \in \Theta} l(\theta) \qquad (8-18)$$

应用两阶段极大似然方法（TSML）估计参数向量 θ。

第一步，先单独估计损失金额的边缘分布参数：

$$\hat{\beta} = \arg\max_{\beta} \sum_{i=1}^{n} \sum_{p} \sum_{k=1}^{p} \log f_{i,k}(y_{ijk};\beta_k) \qquad (8-19)$$

第二步，代入第一步边缘分布估计的结果 $\hat{\beta}$，单独估计 Copula 连接函数的参数：

$$\hat{\alpha} = \arg\max_{\alpha} \sum_{i=1}^{n} \sum_{p} \log c[F_{i1}(y_{ij1};\hat{\beta}_1), \cdots, F_{il}(y_{ijl};\hat{\beta}_p);\alpha]$$

$$(8-20)$$

第三步，把第二步 Copula 连接函数参数的估计结果 $\hat{\alpha}$ 代回去，估计出新的边缘分布参数 $\hat{\beta}^1$，再重复第二步过程，估计出新的 Copula 连接函数参数 $\hat{\alpha}^1$。

第四步，重复前面的迭代过程，依次估计出 $\hat{\beta}^2$，$\hat{\alpha}^2$，$\cdots$，$\hat{\beta}^m$，$\hat{\alpha}^m$，直至经过 m 次估计后收敛到给定的水平，例如绝对收敛容忍度为 10^{-8} 等。

若只关注 Copula 连接函数参数的估计，而不考虑边缘分布，还可以选择正则极大似然估计方法（CML），用经验分布估计边缘分布。即把 Copula 连接函数的边际分布 $[F_{i1}(y_{ij1};\hat{\beta}_1), \cdots, F_{ik}(y_{ijk};\hat{\beta}_K)]$ 变换为 $(0,1)$ 均匀分布的伪观测值 $(U_{i1}, \cdots, U_{iK})$，其中，U_{ik} 为服从 $(0,1)$ 均匀分布，一般取 $U_{ik} = \dfrac{\text{Rank}(y_{ijk}) - 0.5}{n}$ 等形式，进而得到 Copula 连接函数参数估计值 $\hat{\alpha}^*$。

为了提高两阶段极大似然方法的估计效率，可以把正则极大似然估计方法得到的 Copula 连接函数参数估计值 $\hat{\alpha}^*$ 作为 α 的初始值。

对于参数 Copula 连接函数的选择，可以先用正则极大似然估计方法得到不同备选 Copula 连接函数参数的估计值，比较 AIC 准则或 BIC 准则等拟合优度统计量以及不同 Copula 连接函数自身的性质，初选出

Copula 连接函数；再用两阶段极大似然估计方法估计出所有边缘分布和 Copula 连接函数参数。

另外，也可以两阶段极大似然估计方法得到的 Copula 连接函数参数估计值 $\hat{\alpha}$，与正则极大似然估计方法的估计值 $\hat{\alpha}^*$ 比较，来检验假设的边缘分布假设是否合理。若 Copula 连接函数参数估计值相差不大说明较为合理，若差别明显，则可能需要考虑替换边缘分布。

更多关于 Copula 函数估计和应用的方法可以参见乔（Joe，2005）、特里维迪和齐黙（Trivedi and Zimmer，2007）及科罗斯等（Choroŝ et al.，2010）等。

二　损失预测

相依三阶段模型的损失数据为（N_i，M_{ij}，Y_{ijk}），实际中主要分析以下五种损失变量：

（1）保单 i 在第 j 次赔付中发生第 k 类损失的金额；

（2）保单 i 发生第 k 类损失的和：

$$S_{i,\cdot,k} = Y_{i,1,k} + \cdots + Y_{i,N_i,k} \tag{8-21}$$

（3）保单 i 在第 j 次赔付中各类损失的和：

$$S_{i,j,\cdot} = Y_{i,j,1} + \cdots + Y_{i,j,K} \tag{8-22}$$

（4）保单 i 的累积损失：

$$S_i = \sum_k S_{i,\cdot,k} = \sum_j S_{i,j,\cdot} \tag{8-23}$$

（5）所有保单的总损失：

$$S = \sum_{i=1}^n S_i \tag{8-24}$$

注意到与两阶段模型损失数据（N_{ik}，Y_{ijk}）的差别主要在于增加了赔付类型 M_{ij}，因此，变量中增加了一次赔付各类损失的和 $S_{i,j}$。

类似于两阶段模型，可以估计以下几种期望损失。

在相依三阶段模型结构式中，令：

$$\mu_{i,N_i,k} = E[Y_{ijk} \mid N_i, K_{ij} = k] \tag{8-25}$$

则有：

$$E[Y_{ijk}] = E_N\{E_Y[Y_{ijk} \mid N_i], K_{ij} = k\}$$

$$= \sum_{l=j}^{\infty} \{ E[Y_{ijk} \mid N_i = l] \times \Pr(N_i = l) \} \times \Pr(K_{ij} = k)$$

$$= \sum_{l=j}^{\infty} \{ \mu_{i,l,k} \times \Pr(N_i = l) \times \Pr(K_{ij} = k) \} \qquad (8-26)$$

当 $j = 1$，2，$\cdots$ 时，展开得：

$$E[Y_{i1k}] = \mu_{i,1,k} \times \Pr(N_i = 1) \times \Pr(K_{ij} = k) + \mu_{i,2,k} \times \Pr(N_i = 2) \times \Pr(K_{i1} = k) + \cdots$$

$$E[Y_{i2k}] = \qquad\qquad\qquad \mu_{i,2,k} \times \Pr(N_i = 2) \times \Pr(K_{i2} = k) + \cdots$$

$$\vdots \qquad\qquad \vdots \qquad\qquad\qquad \vdots$$

$$(8-27)$$

注意到 $(Y_{ijk} \mid N_i, K_{ij})$ 是独立同分布的，记 $\mu_{i,\cdot,k} = \mu_{i,j,k}$，同一保单的损失类型对于不同损失次数 j 之间也是独立同分布的，记 $K_{i\cdot} = K_{ij}$，可得：

$$E[S_{i,\cdot,k}] = \mu_{i,\cdot,k} \times \sum_{l=j}^{\infty} l \Pr(N_i = l) \Pr(K_{i\cdot} = k) \qquad (8-28)$$

$$E[S_{i,j,\cdot}] = \sum_{k} \sum_{l=j}^{\infty} [\mu_{i,l,k} \times \Pr(N_i = l) \times \Pr(K_{i\cdot} = k)] \qquad$$

$$(8-29)$$

进一步地，可得：

$$E[S_i] = \sum_{k} \left[\mu_{i,\cdot,k} \times \sum_{l=j}^{\infty} l \Pr(N_i = l) \times \Pr(K_{i\cdot} = k) \right] \qquad (8-30)$$

最后即得：

$$E[S] = \sum_{i=1}^{n} \sum_{k} \left[\mu_{i,\cdot,k} \times \sum_{l=1}^{\infty} l \Pr(N_{ik} = l) \times \Pr(K_{i\cdot} = k) \right]$$

$$(8-31)$$

式中，$\mu_{i,\cdot,k}$ 为保单 i 发生第 k 类损失的期望损失金额，用 Copula 函数估计；$E[N_i]$ 为保单的赔付次数，用 GAMLSS 模型估计；$\Pr(K_{i\cdot} = k)$ 是保单 i 发生损失类型 k 的概率，用多项逻辑回归模型估计，$\Pr(K_{i\cdot} = k) = \sum_{k \in p} \Pr(M_{i\cdot} = p)$。

特别地，当只有车辆损失和第三者责任损失时，对于损失类型概率有：

$$\begin{cases} \Pr(K_{i\cdot} = 1) = \Pr(M_{i\cdot} = 1) + \Pr(M_{i\cdot} = 3) \\ \Pr(K_{i\cdot} = 2) = \Pr(M_{i\cdot} = 2) + \Pr(M_{i\cdot} = 3) \end{cases} \qquad (8-32)$$

即把发生车辆损失分为两种情况，只发生车辆损失和两种损失都发生，对于第三者责任损失也类似。

三　风险度量

下面用蒙特卡洛随机模拟方法估计总损失 S 的 VaR 和 CTE：

（1）随机产生保单 i 的损失次数 N_i，假设服从零膨胀负二项分布，分布参数由零膨胀负二项分布回归模型估计；

（2）随机生成赔付类型 $(M_{ij} \mid N_i) = (M_{i\cdot} \mid N_i)$，假设服从多项逻辑分布，分布参数由多项逻辑回归模型估计；

（3）由随机生成的损失次数 N_i 和赔付类型 $(M_{ij} \mid N_i)$ 计算各种损失次数：

$$N_{ik} = \sum_{k \in p} I\big[(M_{ij} \mid N_i) = p \big] \qquad (8-33)$$

（4）随机生成损失金额 $(Y_{ijk} \mid N_i, M_{ij}) = (Y_{i\cdot k} \mid N_i, M_{ij})$，假设联合分布为 Copula 函数，边缘服从伽马分布、逆高斯分布、对数正态分布等分布，用 t Copula 函数、正态 Copula 函数、冈贝尔 Copula 函数、弗兰克 Copula 函数、克莱顿 Copula 函数等参数 Copula 函数连接，各参数用两阶段极大似然法估计；

（5）计算保单 i 发生第 k 类损失的和，把随机生成的各类损失次数和损失金额代入，可得：

$$S_{i,\cdot,k} = (Y_{i\cdot k} \mid N_{ik}) \times N_{ik} \qquad (8-34)$$

（6）计算每个保单的累积损失：$S_i = \sum_k S_{i,\cdot,k}$

（7）计算所有保单总损失：$S = \sum_{i=1}^{n} S_i$

（8）重复上述过程，用随机产生的多个总损失 S，即可估计出 VaR 和 CTE。

第四节 应用案例

把赔付次数、赔付类型和损失金额的联合分布分成三个独立的阶段各自估计，即 $f(N, M, Y) = f(N) \times f(M \mid N) \times f(Y \mid N, M)$。下面研究赔付类型模型和 Copula 函数下的损失金额模型。

一 多项逻辑回归赔付类型模型

注意到由 $(Y_{ij1}, Y_{ik2} \mid N_{i1}, N_{i2})$ 不能保证两种损失同时发生在一次赔付中，为了保证边缘变量 $(Y_{ij1} \mid N_{i1})$ 和 $(Y_{ik2} \mid N_{i2})$ 能同时大于 0，服从右偏厚尾的伽马分布等，在三阶段模型中引入了赔付类型变量 M。有损失发生条件下赔付类型变量 $(N \mid M)$ 的可能取值为 $(1, 2, 3)$，分别对应只发生车辆损失、只发生第三者责任损失和两种损失都发生，当 M = 1、2 时，退化为一元损失金额变量，当 M = 3 时，$(Y_1, Y_2 \mid N, M)$ 是边缘都大于零的二元变量。

将车辆损失作为参照水平，引入显著的费率因子，建立三项逻辑回归模型：

$$
\begin{cases}
Y_i \sim Mlogit(P_{i2}, P_{i3}) \\
\log\left(\dfrac{P_{i2}}{P_{i1}}\right) = X'_{i2}\beta_2 \\
\log\left(\dfrac{P_{i3}}{P_{i1}}\right) = X'_{i3}\beta_3 \\
P_{i1} + P_{i2} + P_{i3} = 1
\end{cases}
\tag{8-35}
$$

式中，$P_{ik} = \Pr(M_{ij} = m)$，$m = 1$、2、3 对应三种赔付类型的概率，费率因子直接影响对数概率比例，β_2 和 β_3 是待估计的回归参数。表 8-1 为多项逻辑回归赔付类型模型参数估计结果。

如果还考虑交强险和附加险等其他险种，则赔付类型为 $2^k - 1$，k 为损失种类，此时直接推广为更多相的逻辑回归模型即可。

表 8 - 1　　　　　　　多项逻辑回归赔付类型模型参数估计

参数	只有第三者责任损失		车辆和三者损失都发生	
	估计值	标准误	估计值	标准误
截距	- 5.3517	0.0834	- 1.9736	0.0184
车龄：中	0.2267	0.0865	0.1137	0.0216
车龄：旧	0.6236	0.1109	0.3990	0.1109
产地：进口	- 0.6059	0.0493	- 0.4862	0.0386
车型：中客	0.8164	0.1029	0.3767	0.0252
车型：大客	2.0605	0.2480	0.5530	0.1051
车型：小货	2.6604	0.1445	1.4237	0.0588
车型：中货	3.2343	0.1407	1.8645	0.0649
车型：大货	3.7834	0.1692	1.9244	0.0960
性质：非私	0.3802	0.0919	0.3953	0.0214
区域：省内	- 1.7409	0.1106	0.8126	0.0246
拟合统计量	参数个数 = 22，对数似然值 = - 38670，AIC = 77362，BIC = 77567			

二　Copula 函数损失金额模型

对于二元损失金额（Y_1，$Y_2 \mid N$，M），用伽马分布下的 GAMLSS 模型估计边缘分布，特别地，当 $M = \{1, 2\}$ 时，只有一种损失发生时，退化为一元情况。当赔付类型 $M = 3$ 时，车辆损失和第三者责任损失同时发生，用 Copula 函数连接边缘分布，此时（Y_1，$Y_2 \mid N$，M）的联合分布估计模型为：

$$\begin{cases} Y_{ijk} \sim GA(\mu_{ik}, \sigma_{ik}) \\ \log(\mu_{ik}) = X_{\mu'_{ik}} \beta_{\mu_k} \\ \log(\sigma_{ik}) = X_{\sigma'_{ik}} \beta_{\sigma_k} \\ f(y_{ij1}, y_{ij2}) = c\{[F_1(y_{ij1}; \mu_{i1}, \sigma_{i1}) F_2(y_{ij2}; \mu_{i2}, \sigma_{i2})]; \alpha\} \\ \qquad\qquad\qquad\qquad \prod_{k=1}^{2} f_{i,k}(y_{ijk}; \mu_{ik}, \sigma_{ik}) \end{cases} \quad (8-36)$$

式中，μ_{ik} 和 σ_{ik} 是边缘伽马分布参数，β_{μ_k} 和 β_{σ_k} 是对应的待估计回归系数向量，α 是待估计的 Copula 函数参数，当 $M = 1$，2 时，f（y_{ij1}，y_{ij2}）退化为 $f(y_{ij1})$ 或 $f(y_{ij1})$。

　　首先选择合适的参数 Copula 连接函数。应用正则极大似然估计方法，使用经验分布代替伽马分布来估计边缘分布，此时模型只有 Copula 函数参数 α。分别考虑正态 Copula 函数、t Copula 函数、克莱顿 Copula 函数、弗兰克 Copula 函数和冈贝尔 Copula 函数等常用的参数 Copula 函数。

　　表 8 − 2 比较了不同参数 Copula 函数对损失金额的拟合效果。结果表明，冈贝尔 Copula 函数对相依关系的拟合效果最好，接着依次是弗兰克 Copula 函数、t Copula 函数和正态 Copula 函数，克莱顿 Copula 函数的拟合效果最差。当同时发生车辆损失和第三者责任损失时，较大的损失金额之间存在明显的相依关系，而较小损失金额间的相依关系不显著。另外，注意到正态 Copula 函数和 t Copula 函数作为特殊的椭圆 Copula 函数，具有在多元情况降维后仍为具有相同边缘分布椭圆 Copula 函数的良好性质，方便推广到存在更多损失种类的情况，而其他三种 Archimedean Copula 函数则不满足这种性质，而且它们也不易度量二元以上的负相依关系。综合考虑，当拟合精度差别不大时，为了应用方便，这里选择正态 Copula 函数作为连接函数，经验边缘分布下的正态 Copula 函数估计值为 $\hat{\alpha}^* = 0.2784$，标准误为 0.0079。最后引入含费率因子的回归模型拟合结果也表明，除克莱顿 Copula 函数外，其他 Copula 函数之间的差别不大。

表 8 − 2 　　　　　　　　参数 Copula 函数拟合损失金额比较

拟合统计量	正态 Copula 函数	t Copula 函数	克莱顿 Copula 函数	弗兰克 Copula 函数	冈贝尔 Copula 函数
参数个数	1	2	1	1	1
对数似然值	505.6	530.5	172.5	610.0	172.5
AIC 准则	− 1007.3	− 1057.1	− 341.0	− 1216.0	− 1223.8
BIC 准则	− 999.8	− 1042.1	− 333.5	− 1208.5	− 1216.3

　　然后对 $\hat{\theta}_{ML} = \arg\max_{\theta \in \Theta} l(\theta)$，按照两阶段极大似然方法，把前面

正则极大似然方法得到的正态 Copula 函数参数估计值 $\hat{\alpha}^* = 0.2784$ 作为初始值，经过迭代收敛后，估计出各参数的结果，如表 8 - 3 所示。其中伽马边缘分布假设下的正态 Copula 函数参数估计值为 0.2795，与经验边缘分布假设下的估计值 0.2784 之间差别不大。另外，各费率因子在 $p = 0.05$ 的显著性水平下都是显著的，表明伽马边缘分布假设是合理的，且它们之间存在明显的相依关系。

表 8 - 3　　　　　　　　Copula 函数损失金额模型估计

参数	车辆损失				第三者责任损失			
	μ		σ		μ		σ	
	估计值	标准误	估计值	标准误	估计值	标准误	估计值	标准误
截距	6.5836	0.0167	- 0.0885	0.0074	7.6379	0.0583	0.1823	0.0198
续保：否	0.1236	0.0146	0.0256	0.0075	0.1718	0.0472	0.0568	0.0256
车型：中客	0.0463	0.0125	—	—	0.0662	0.031	—	—
车型：大客	- 0.1583	0.0547	—	—	0.7835	0.1173	—	—
车型：小货	0.3615	0.0283	—	—	0.4078	0.0592	—	—
车型：中货	0.6562	0.0383	—	—	0.8483	0.0592	—	—
车型：大货	0.7193	0.0573	—	—	0.7482	0.0839	—	—
车龄：中	0.0716	0.0083	—	—	0.0684	0.0294	—	—
车龄：旧	0.1690	0.0130	—	—	0.1360	0.0330	—	—
产地：进口	0.1150	0.0206	—	—	0.0273	0.0306	—	—
区域：省内	1.0972	0.0483	—	—	1.2483	0.1738	—	—
车损保额：中	0.3975	0.0195	0.1093	0.0473	0.1279	0.0253	0.0438	0.0115
车损保额：高	0.9888	0.0149	0.3036	0.0080	0.3817	0.0405	0.1093	0.0166
ρ	估计值 = 0.2795，标准误 = 0.0134							
拟合统计量	参数个数 = 35，对数似然值 = - 815195，AIC = 1630460，BIC = 1630787							

图 8 - 1 和图 8 - 2 清楚地描述了各费率因子对不同损失金额的影响。从图中可以看出，它们对两种损失的影响效果基本是一致的，相对而言，都是新投保、旧车、进口、省内行驶、保额高的车辆的损失金额更大。另外，货车相比客车、大货车相比小货车的损失金额也更大。

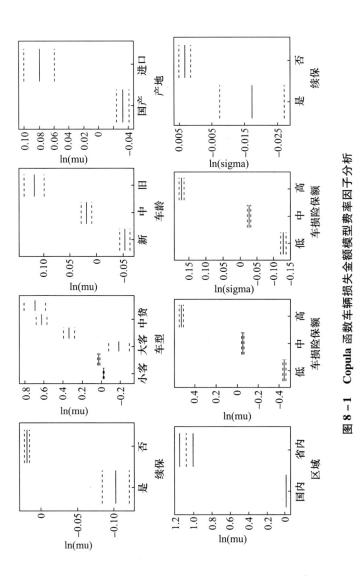

图 8 - 1　Copula 函数车辆损失金额模型费率因子分析

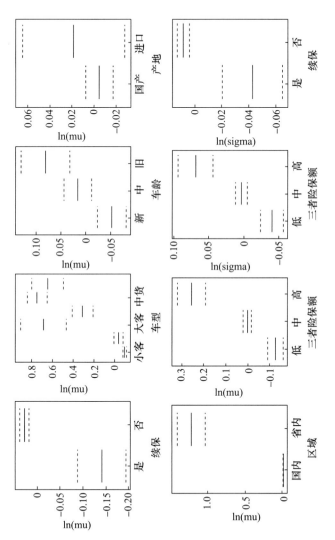

图 8 – 2 Copula 函数三者损失金额模型费率因子分析

三 风险相依性影响量化分析

比较不同模型的拟合效果，选择合适的模型来估计个体保单的累积损失，并用蒙特卡洛随机模拟方法计算总损失的 VaR、CTE 和经济资本，通过独立和相依两种模型的对比分析，研究相依关系对于厘定费率和度量风险的影响。

（一）损失模型的比较与选择

基于（N_1，N_2，Y_1，Y_2）和（N，M，Y_1，Y_2）两种损失数据结构，分别引入了两阶段模型和三阶段模型，并在各阶段应用 GAMLSS 模型、多元分布和 Copula 函数等不同方法来度量相依关系，在损失变量分布和独立性条件假设等方面改进了传统的损失估计方法。

对于两阶段模型，传统方法是在风险独立的假设下用泊松分布和伽马分布下的广义线性模型分别估计损失次数和损失金额，这里记为 M1；本书用零膨胀二元泊松回归模型估计相依关系下的损失次数，用伽马分布下的 GAMLSS 模型估计损失金额，记为 M2。

对于三阶段模型，弗里斯和瓦尔德斯（2008）用负二项分布下的广义线性模型估计赔付次数，用多项逻辑回归模型估计赔付类型，用广义线性模型估计边缘损失金额，选择 t Copula 函数连接，记为 M3；本书分别用零膨胀负二项分布和伽马分布下的 GAMLSS 模型估计赔付次数和边缘损失金额，选择正态 Copula 函数和 Gumbel Copula 函数作为连接函数的模型，分别简记为 M4 和 M5，对于相依的损失金额还应用了二元伽马分布回归模型估计，记为 M6。

以上两种模型内的各阶段之间都是独立估计的，当估计的损失因变量一致时，可用 AIC 准则和 BIC 准则等基于极大似然函数的拟合优度统计量分别比较。在本书实证中，对于损失数据的拟合效果，GAMLSS 模型要优于广义线性模型，零膨胀二元泊松回归模型优于独立的广义线性模型，冈贝尔 Copula 函数优于 t 和正态 Copula。因此，在两阶段模型中，M2 优于 M1；在三阶段模型中，M5 优于 M3 和 M4。

　　当估计的损失变量不一致，例如，比较两阶段模型和三阶段模型之间的拟合效果时，由于它们对应的损失因变量不同，分别为 (N_1, N_2, Y_1, Y_2) 和 (N, M, Y_1, Y_2)，因此，比较基于极大似然函数的拟合优度统计量失去意义。另外，需要注意麦凯二元伽马分布回归模型中的损失因变量为变换后的 $(Y_1, Y + Y_2 | N, M)$，与基于 Copula 函数的模型损失因变量 $(Y_1, Y_2 | N, M)$ 也不同。

　　此时，比较不同损失因变量下模型的拟合效果，可以用卡方、K—S 和 A—D 等拟合检验统计量来比较模型残差的拟合优度，其中 A—D 统计量是对 K—S 统计量的一种修正，赋予分布的尾部以更大的权重，因此，在这里比较 A—D 统计量更为适合。相关理论的详细介绍可参见肖尔兹和斯蒂芬斯（Scholz and Stephens，1987）、泰勒（Taylor，1997）、贾斯特尔等（Justel et al.，1997）、兰克斯特和塞尼塔（Lancaster and Seneta，2005）、科德和福尔曼（Corder and Foreman，2009）等。

　　前面分析了两种累积损失分布模型，研究显示，ZAIG 分布下的 GAMLSS 模型 MZAIG 要优于常用 Tweedie 分布下的广义线性模型 MTweedie。

　　下面比较不同模型的拟合效果和模型性质，选择合适的模型估计累积损失。表 8 – 4 比较了不同损失模型拟合优度。

表 8 – 4　　　　　　　　　损失模型拟合优度比较

拟合优度	MTweedie	MZAIG	M1	M2	M3	M4	M5	M6
参数个数	22	27	48	62	74	81	81	77
χ^2（10^4）	1638	1489	1556	1287	1382	1310	1300	1290
K—S 统计量	0.8832	0.8185	0.8703	0.6839	0.7228	0.7093	0.7051	0.6932
A—D 统计量	89324	72630	82091	63495	71094	65346	65193	64829

　　首先，比较不同模型对于总损失的拟合优度，基于零膨胀二元分布的相依两阶段模型 M2 的拟合效果最好，然后依次是分别基于

二元伽马分布、冈贝尔 Copula 函数、正态 Copula 函数改进的三阶段模型 M6、M5、M4，它们的拟合优度都比弗里斯（2008）中的三阶段模型 M3 高，接着是基于零调整逆高斯分布的 GAMLSS 模型 MZA-IG，而传统独立假设下的基于广义线性模型 M1 和 MTweedie 拟合效果则相对较差。因此，总的来说，考虑相依关系的模型拟合效果要明显高于独立性假设模型，基于零膨胀分布和零调整分布假设模型要优于一般分布假设模型，合适二元分布假设下的相依模型要优于基于 Copula 函数的模型，基于冈贝尔 Copula 函数的模型优于基于 t Copula 函数和正态 Copula 函数的模型，后两种比较的差距都不大。

其次，分析各模型的结构和性质。拟合优度较高的模型 M2 和模型 M6 分别基于二元泊松分布和二元伽马分布，模型更为直观，而且可以度量费率因子对相依关系的影响，但不易推广到其他边缘分布和二元以上的情况，而实际中不同的非寿险损失数据可能具有不一样的假设分布，往往需要同时估计多种损失。基于 Copula 函数的模型可以弥补上述缺陷，但模型 M5 中的冈贝尔 Copula 函数一般只用来度量正相依关系，而且由于不满足降维后所属分布类不变的性质，不太适合二元以上情形的应用。基于正态 Copula 函数和 GAMLSS 模型 M4 既考虑了风险间相依关系，又满足了非寿险损失数据分布特征，还可以方便地推广到更多风险情况，而且拟合效果明显优于独立性假设模型。

综上分析，车损险和第三者责任险损失之间存在明显的相依关系，传统的独立性假设模型有待于改进。当只有两种风险类别时，可以考虑相依两阶段模型 M2 来估计损失，而对于更一般的情况，则可选择改进的三阶段模型 M4。

需要说明的是，很多其他的非寿险损失数据都与实证车险数据具有类似的特征，因此，我们分析的相依模型也可以同样适用。

（二）损失预测及风险度量

在保险精算中，建立损失模型的主要目的是预测损失，进而厘定费率和度量风险。

　　下面首先预测个体保单累积损失 S_i 作为个体纯保费。分别代入不同模型各阶段的参数估计结果，即可估计出每个保单累积损失 S_i。例如，随机抽取 35092 号保单，它是在国内行驶、具有 4 年车龄的私人、进口、续保、小客车，第三者责任险和车损险保额为 15 万元和 20 万元。分别用模型 M1、M2 和 M4 估计出期望累积损失为 2765 元、3084 元和 3132 元，即为对应的纯保费。由于各保险公司数据库中的信息量更大，在实际定价中会应用更多的费率因子变量和损失数据，因此，与这里的分析结果会有差别。

　　其次把各保单的积累损失相加即可估计出模型 M1、模型 M2 和模型 M4 对应的所有保单总损失 S，分别是 16934 万元、18420 万元和 18467 万元，为应收的总纯保费。相依模型 M2 和模型 M4 因为拟合精度高，估计的总损失更接近真实值，而传统的独立假设模型 M1 比相依模型 M4 低估了 8.3%。

　　对于总损失 S，用蒙特卡洛随机模拟一万次，估计不同水平下的 VaR 和 CTE 来度量风险，其中风险水平 90% 最为常用。

　　表 8-5 比较了模型 M1、M2 和 M4 度量风险的差异。VaR 和 CTE 随着给定风险水平的变大而增加，而传统的独立模型 M1 要比相依模型 M2 和模型 M4 高估风险度量，这意味着可能采取了过于保守的风险管理策略。

表 8-5　　　　　相依与独立假设损失模型风险度量比较　　　单位：万元

模型	VaR（90%）	VaR（95%）	VaR（99%）	CTE（90%）	CTE（95%）	CTE（99%）
M1	33689	59083	170984	60345	130905	382521
M2	22901	38918	99324	43025	59234	162340
M4	23718	41256	110923	46832	71983	201814

　　表 8-6 比较了模型 M1、模型 M2 和模型 M4 在不同风险度量下的经济资本 $EC(S) = \rho[S] - E[S]$。由于传统的独立模型 M1 低估了纯保费，高估了风险度量，因此，对应的经济资本比相依模型 M2

和模型 M4 低。

表 8 - 6　　　　　　相依与独立风险模型经济资本比较　　　　单位：万元

模型	EC($VaR_{0.9}$)	EC($VaR_{0.95}$)	EC($VaR_{0.99}$)	EC($CTE_{0.9}$)	EC($CTE_{0.95}$)	EC($CTE_{0.99}$)
M1	15135	40529	152430	41791	112351	363967
M2	4347	20364	80770	24471	40680	143786
M4	5164	22702	92369	28278	53429	183260

　　综上所述，对于存在相依风险的非寿险等领域，传统独立假设条件下的精算模型可能会低估风险损失，厘定过低的费率，得到较高的风险度量，进而也准备了更多的经济资本。此时，考虑建立相依风险下的精算模型更为合理。

第九章 基于机器学习的车险索赔概率预测模型

第一节 机器学习分类方法原理

一 决策树和集成学习分类方法基本原理

（一）决策树分类方法基本原理

决策树是机器学习中一种基本的分类和回归算法，是依托于策略抉择而建立起来的树。其主要优点是：模型具有可读性，分类速度快，易于理解。

决策树是一个属性结构的预测模型，代表对象属性和对象值之间的一种映射关系。它由节点（Node）和有向边（Directed Edge）组成，其节点分为内节点（Internal Node）和叶节点（Leaf Node）。内节点表示一个特征或属性，叶节点表示一个类。

两种类型决策树的学习本质上是从训练集中归纳出一组分类规则，得到与数据集矛盾较小的决策树，同时其具有很好的泛化能力。决策树学习的损失函数通常是正则化的极大似然函数，通常采用启发式方法，近似求解最优化问题。

决策树学习算法包含特征选择、决策树生成和决策树剪枝。决策树生成对应着模型的局部选择（局部最优），决策树剪枝对应着全局选择（全局最优）。决策树常用的算法主要是昆兰（Quinlan）在 1986 年提出的 ID3 算法和 1993 年提出的 C4.5 算法，以及由布雷曼（Breiman）等在 1984 年提出的 CART 算法。其中需要引入"信息熵"概念。

"信息熵"概念于 1948 年香农提出，即一条信息的信息量大小和它的不确定性有直接的关系。其定义如下：

$$H(X) = \sum_{i=1}^{n} p_i \log p_i \qquad (9-1)$$

式中，X 表示该事件取的有限个值的离散随机变量，p_i 表示每个随机变量在整个事件中的概率。熵的大小表明随机变量的不确定性。分类的最终目的就是使信息熵最小，即通过特征可以最大概率地确定事件。

决策树 ID3 算法通过信息增益来选取相应的特征，信息增益的表达式如下：

$$g(Y, X) = H(Y) - H(Y \mid X) \qquad (9-2)$$

式中，$H(Y)$ 表示样本类别 Y 的经验熵，$H(Y \mid X)$ 表示经验条件熵。

ID3 首先计算每个特征对样本类别的信息增益，然后再比较各特征的信息增益值。当特征值 A 作为先知条件时，信息增益值最大，则选取特征值 A 作为最优特征。这种特征选取有一个很大的弊端，即不考虑特征中可能取的多个值。在可能取的多个值的情况下，训练出来的会是一棵庞大且深度极其浅的树，这样的划分在极端情况下很不合理。

在 C4.5 算法中，特征选择用的是信息增益比，最后有剪枝的过程。信息增益比的表达式如下：

$$g_R(Y, X) = \frac{H(Y) - H(Y \mid X)}{H(X)} \qquad (9-3)$$

CART 决策树主要有包括决策树生成和决策树剪枝。在进行分类时，其算法流程与 ID3 较为类似，不同的是特征选取，其选择的是最小基尼指数。假设有 K 个类，样本点属于第 K 的概率为 p_k，则概率分布的基尼指数为：

$$Gini(p) = \sum_{k=1}^{K} p_k(1 - p_k)$$

$$= 1 - \sum_{k=1}^{K} p_k^2 \tag{9-4}$$

在决策树生成后，用验证数据集对已生成的树进行剪枝，并选择最优子树。此时，用损失函数最小作为剪枝的标准。

剪枝的过程是通过极小化决策树整体损失函数来实现的。假设树的叶节点数为 $|T|$，t 是树 T 的叶节点，该叶节点上有 N_t 个样本点，其中属于 k 类的样本点有个 N_{tk}，$N_t(T)$ 为叶节点的经验熵，a≥0 为参数，则决策树学习的整体损失函数可以定义为：

$$C_a(T) = \sum_{i=1}^{|T|} N_t H_t(T) + \alpha |T| \tag{9-5}$$

决策树能够在相对短的时间内对大型数据源做出可行且效果良好的结果，对数据的要求较低，数据可以缺失，可以是非线性的，可以是不同类型的，能够同时处理数据型和常规型属性，是最接近人类逻辑思维的模型，可解释性好。但同时，它也存在不可在线学习、容易过拟合的缺点。

（二）集成学习分类方法基本原理

集成学习方法是指组合多个模型，以获得更好的效果，使集成的模型具有更强的泛化能力。对于多个模型，如何组合这些模型，主要有以下两种方法。

（1）Bagging 方法：对多个模型的预测结果进行投票或者取平均值。对于数据集训练多个模型来说，如果是分类问题，可以采用投票的方法，选择票数最多的类别作为最终的类别；如果是回归问题，可以采用取均值的方法，取得的均值作为最终的结果。在这样的思路中，最著名的是 Bagging 方法，Bagging 即 Boostrap Aggregating。其中，Boostrap 是一种有放回的抽样方法，其抽样策略是简单的随机抽样。

在 Bagging 方法（见图 9-1）中，其将学习算法训练多次，每次的训练集由初始的训练集中随机取出的 n 个训练样本组成，初始的训练样本在某次的训练集中可能出现多次或者根本不出现。最终训练出 m 个预测函数 {h_1，h_2，…，h_m}，最终的预测函数为 H。

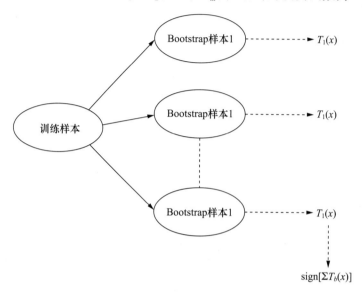

图 9 - 1 **Bagging** 方法原理示意

随机森林是 Bagging 的一个特化进阶版，所谓特化是因为随机森林的弱学习器都是决策树。所谓进阶是随机森林在 Bagging 的样本随机采样基础上，又加上了特征的随机选择，其基本思想没有脱离 Bagging 的范畴。

随机森林中的每一棵分类树都为二叉树，其生成遵循自顶向下的递归分裂原则，即从根节点开始依次对训练集进行划分；在二叉树中，根节点包含全部训练数据，按照节点纯度最小原则，分裂为左节点和右节点，它们分别包含训练数据的一个子集。按照同样的规则，节点继续分裂，直到满足分支停止规则而停止生长。若节点 n 上的分类数据全部来自同一类别，则此节点的纯度 I(n) = 0，纯度度量方法是基尼准则。

随机森林具体实现过程如下：

第一，原始训练集为 N，应用 Bootstrap 方法，有放回地随机抽取 k 个新的自助样本集，并由此构建 k 棵分类树，每次未被抽到的样本组成了 k 个袋外数据。

第二，设有 m_{all} 个变量，则在每一棵树的每个节点处随机抽取 m_{try} 个变量（m_{try} n m_{all}），然后在 m_{try} 中选择一个最具有分类能力的变量，变量分类的阈值通过检查每一个分类点确定。

第三，每棵树最大限度地生长，不做任何修剪；

第四，将生成的多棵分类树组成随机森林，用随机森林分类器对新的数据进行判别与分类，分类结果按树分类器的投票多少而定。

（2）Boosting 方法：对多个模型的预测结果做加权平均。Boosting 方法的核心思想是：对多个模型的预测结果做加权平均，将多个弱学习模型提升为强学习模型。

在 Boosting 方法（见图 9 - 2）中，其初始化时，对每个训练样本赋予相等的权重，如 1/n；然后用该学习算法对训练集训练 G 轮；每次训练后，对训练失败的训练样本赋予更大的权重，即让学习算法在后续的学习中对几种比较难学的训练样本进行学习，从而得到一个预测函数序列 $\{h_1, h_2, \cdots, h_G\}$，其中，每个 h_i 都有一个权重，预测效果好的预测函数的权重较大。最终的预测函数 H 为其解决分类回归问题的方法即有权重的投票方式。

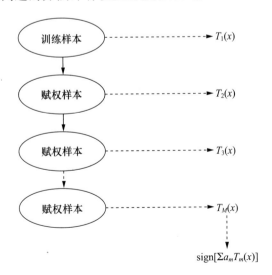

图 9 - 2　Boosting 方法原理示意

集成学习方法有着高精度、不容易发生过拟合的优点。它们的共同缺点是因受概率影响而具有不确定性。其中，由于 Boosting 方法是迭代组合方法，预测结果比较耗费时间。

二 监督学习分类方法基本原理

（一）最近邻分类方法基本原理

最近邻算法（KNN）的核心思想是：当无法判定当前待分类点是从属于已知分类中的哪一类时，可以依据统计学理论观察它所处的位置特征，衡量它周围邻居的权重，从而把它归为（或分配）到权重更大的那一类。

KNN 算法中，所选择的邻居都是已经正确分类的对象。该方法在定类决策上只依据最邻近的一个或者几个样本的类别来决定待分样本所属的类别。

KNN 算法本身简单有效，是一种 Lazy – Learning 算法，分类器不需要使用训练集进行训练，训练时间复杂度为 0。KNN 分类的计算复杂度与训练集中的文档数目成正比，也就是说，如果训练集中文档总数为 n，那么 KNN 的分类时间复杂度为 O(n)。

选择合适的 K 值，对分类效果至关重要。如果 K 太小，则最近邻分类器容易受到训练数据的噪声而产生过分拟合的影响；相反，如果 K 太大，最近分类器可能会误会分类测试样例，因为最近邻列表中可能包含远离其近邻的数据点。在实际建模应用中，K 值一般取一个较小的数值，通常采用交叉验证的方法来选择最优的 K 值。

最近邻方法中的距离度量主要包括欧氏距离、夹角余弦等。

最近邻方法简单、有效，重新训练的代价较低，适合类域的交叉或重叠较多的待分样本集。但是，对于样本容量较小的类域，采用这种算法比较容易产生误分。另外，其类别评分非规格化，输出的可解释性不强。

（二）支持向量机分类方法基本原理

支持向量机（SVM）通过寻求结构化风险最小来提高学习泛化能力，实现经验风险和置信范围的最小化，从而达到在统计样本量较少的情况下，也能获得良好统计规律的目的。支持向量机分类方法的优越之处在于能够处理非线性可分的情况。其核心思想是：将低维空间的点映射到高维空间，使它们成为线性可分，再使用线性划分原理来判断分类边界。数据在高维空间中，是一种线性划分；而在低维空间中，是一种非线性划分。

理解 SVM 处理非线性可分需要理解以下四个概念：分离超平面、最大化间隔分类超平面、松弛变量和核函数。

1. 分离超平面（Separating Hyperplane）

处理分类问题的时候需要一个决策边界，在边界这边我们判别A，在边界那边我们判别 B。这种决策边界将两类事物相分离，而线性的决策边界就是分离超平面：

$$\omega^* \cdot x + b^* = 0 \qquad\qquad (9-6)$$

相应的分类决策函数即线性可分支持向量机 $f(x)$ 为：

$$f(x) = sign(\omega^* \cdot x + b^*) \qquad\qquad (9-7)$$

2. 最大化间隔分类超平面（Maximal Margin Hyperplane）

分离超平面可以有很多个，需要选择出最好的一个。SVM 的作法是找"最中间"的超平面。从统计的角度讲，由于正负样本可以看作从两个不同的分布随机抽样而得的结果，若分类边界与两个分布的距离越大，抽样出的样本落在分类边界另一边的概率就会越小。

SVM 正是基于这种直观思路来确定最佳分类超平面的：通过选取能够最大化类间间隔的超平面，得到一个具有高确信度和泛化能力的分类器，即最大间隔分类器。

间隔即分类超平面与所有样本距离的最小值，表示为：

$$\gamma = min\{dist(l, x_i) \mid i = 1, 2, \cdots, N\} \qquad (9-8)$$

式中，l 为分类超平面，N 为样本个数，x_i 为第 i 个样本。

从样本到超平面的距离表示为：

$$d = \frac{|W^T x + b|}{\|W\|} \qquad\qquad (9-9)$$

由于 $y(\omega^T x + b) = |\omega^T x + b|$，所以，可得分类超平面 l 和 N 个样本 x_i 的间隔表达式为：

$$\gamma = \min\left\{\frac{y_i(W^T x_i + b)}{\|W\|} \mid i = 1, 2, \cdots, N\right\} \qquad (9-10)$$

求最大化间隔分类超平面即求解能使间隔最大化的参数 ω 和 b：

$$\max_{w,b} \gamma = \min\left\{\frac{y_i(W^T x_i + b)}{\|W\|} \mid i = 1, 2, \cdots, N\right\} \qquad (9-11)$$

3. 松弛变量（Slack Variable）

由于样本点中异常点的存在，只考虑最大化间隔分类超平面往往无法得到一个最佳的分类器。若严格遵守"间隔"的限制，由于异常点的存在，最终只能得到一个间隔很小的分类超平面。反之，如果能够放宽对于间隔的限制，便可以一定程度地忽略异常点的影响，反而能得到间隔更大的分类超平面。

即引入松弛变量 $\zeta_i(\zeta_i \geq 0)$ 放宽对间隔的限制，限制条件变为：

$$y_i(w^T x_i + b) \geq 1 - \zeta_i, \quad i = 1, 2, \cdots, N \qquad (9-12)$$

若样本点 x_i 不是异常点〔满足 $y_i(w^T x_i + b) \geq 1$〕，则松弛变量 $\zeta_i = 0$，与原限制一样。若样本点 x_1 是异常点，只要 ζ_i 足够大，限制条件便能得到满足，分类超平面（由 ω、b 决定）不受影响。

4. 核函数（Kernel Function）

为了解决完美分类的问题，SVM 还提出了一种思路，就是将原始数据映射到高维空间中去，直觉上可以感觉高维空间中的数据变得稀疏，有利于分类。那么映射的方法就是使用核函数。如果选择得当，高维空间中的数据就变得容易线性分离。而且可以证明，总是存在一种核函数能将数据集映射成可分离的高维数据，但维数过高的弊端就是会出现过度拟合。

常用的核函数有如下四种：

①Linear：使用它的话就成为线性向量机，效果基本上等价于 Logistic 回归。但它可以处理变量极多的情况，例如文本挖掘。

②Polynomial：多项式核函数，适用于图像处理问题。

③Radial basis：高斯核函数，最流行易用的选择。参数包括 sigma，其值若设置过小，会有过度拟合出现。

④Sigmoid：反曲核函数，多用于神经网络的激活函数。

支持向量机是一个凸优化问题，局部最优解一定是全局最优解，本身的优化目标是结构化风险最小，降低了对数据规模和数据分布的要求，在二分类、小样本训练集中优势明显。但是，核函数的选取是一个复杂的问题，并且在大规模样本训练集上难以实施。

（三）神经网络分类方法基本原理

神经网络是一种由大量的节点（或称神经元）之间相互连接构成的运算模型。每个节点代表一种特定的输出函数，称为激活值。每两个节点间的连接都代表一个对于通过该连接信号的加权值，称为权重。网络的输出则依网络的连接方式，因权重值和激励函数的不同而不同。图 9 – 3 为神经网络示例。

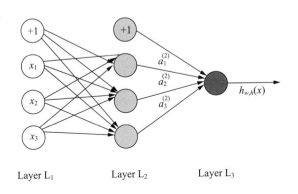

图 9 – 3　神经网络示例

使用 x_i 表示神经网络的输入，标上"＋1"的圆圈被称为偏置节点，即截距项。Layer L_1 为输入层，Layer L_2 为输出层（本例中，输出层只有一个节点），Layer L_3 为隐藏层，以上神经网络的例子中有 3 个"输入单元"（偏置单元不计算在内），3 个"隐藏单元"及 1 个"输出单元"。

用 n_i 表示网络的层数，图 9 - 3 中，$n_i = 3$；将第 l 层记为 L_l，则 L_l 是输入层，L_{nl} 是输出层，参数 $(\omega, b) = (\omega^{(1)}, b^{(1)}, \omega^{(2)}, b^{(2)})$，其中，$\omega_{ij}^{(i)}$ 是第 l 层第 j 单元与第 l + 1 层第 i 单元的连接参数，即连接线上的权重，$b_{(l)i}$ 是第 l + 1 层第 i 单元的偏置项。因此，在本例中，$W^{(1)} \in R_{3 \times 3}$，$W^{(2)} \in R_{1 \times 3}$。需要注意的是，偏置单元没有输入，总是输出 + 1。同时，用 s_l 表示第 l 层的节点数（偏置单元不计算在内）。用 $a_i^{(1)}$ 表示第 i 层第 i 单元的"激活值"（输出值）。当 l = 1 时，$a_i^{(1)} = x_i$，即第 i 个输入值（输入值的第 i 个特征）。对于给定参数集合 (W, b)，神经网络按照函数 $h_{w,h}(x)$ 来计算输出结果，如图9 - 3 所示神经网络的计算步骤如下：

$$a_1^{(2)} = f(W_{11}^{(1)}x_1 + W_{12}^{(1)}x_2 + W_{13}^{(1)}x_3 + b_1^{(1)})$$

$$a_2^{(2)} = f(W_{21}^{(1)}x_1 + W_{22}^{(1)}x_2 + W_{23}^{(1)}x_3 + b_2^{(1)})$$

$$a_3^{(2)} = f(W_{31}^{(1)}x_1 + W_{32}^{(1)}x_2 + W_{33}^{(1)}x_3 + b_3^{(1)})$$

$$h_{w,h}(x) = a_1^{(3)} = f(W_{11}^{(2)}a_1^{(2)} + W_{12}^{(2)}a_2^{(2)} + W_{13}^{(1)}a_3^{(2)} + b_1^{(2)})$$

用 $Z_i^{(1)}$ 表示第 l 层第 i 单元输入加权和（包括偏置单元），比如，$Z_i^{(2)} = \sum_{j=1}^{n} W_{ij}^{(1)}x_j + b_i^{(1)}$，则 $a_i^{(1)} = f(Z_i^{(1)})$，将激活函数 $f(\cdot)$ 扩展为用向量表示的形式，则 $f(z_1, z_2, z_3) = [f(z_1), f(z_2), f(z_3)]$，那么上面等式可以简洁地表达为：

$$z^{(2)} = W^{(1)}x + b^{(1)}$$

$$a^{(2)} = f(z^{(2)})$$

$$z^{(3)} = W^{(2)} + b^{(2)}$$

$$h_{w,h}(x) = a^{(3)} = f(z^{(3)})$$

上面的步骤即前向传播过程，给定第 l 层的激活值 $a^{(1)}$ 后，第 l + 1 层的激活值 $a^{(l+1)}$ 可以按照下述表达式得出：

$$z^{(l+1)} = W^{(l)}a^{(l)} + b^{(l)}$$

$$a^{(l+1)} = f(z^{(l+1)})$$

将参数矩阵化，使用矩阵—向量运算方式，可以利用线性代数的优势对神经网络进行快速求解。

除单个隐藏层的神经网络外，也可以构建包含多个隐藏层的神经网络。根据网络中神经元的互联方式，常见的神经网络可以分为前馈神经网络、反馈神经网络和自组织神经网络三类。常见的BP神经网络就是一个按误差逆传播算法训练的多层前馈网络。

神经网络拥有分类的准确度高，并行分布处理能力强，分布存储学习能力强，对噪声神经抗变换性（鲁棒性）及容错能力较强的良好特性，能充分逼近复杂的非线性关系，具备联想记忆的功能。是一类性能较高的分类器，但与此同时，神经网络需要大量的参数，如网络拓扑结构、权值和阈值的初始值，学习过程为黑盒过程，可能会影响到结果的可信度和可接受程度。

第二节　机器学习分类方法的预测能力比较

一　数据描述

下面利用R语言分析一组实际的机动车辆保险数据，来比较决策树、Boosting、Bagging、随机森林、最近邻方法（KNN）、支持向量机（SVM）和神经网络七种分类器的分类效果。数据来自国内某财险公司车损险数据，本数据集共有12873个观察值，6个变量，其中各个变量类型及含义如表9-1所示。

表9-1　　　　　　　　　　变量类型及含义

变量名	描述	性质	变量水平
type	保单类型	分类变量	5个水平：转入（A）、新车（B）、续保1年（C）、续保2年（D）、续保3年及以上（E）
gender	驾驶人性别	分类变量	2个水平：男（M）、女（F）
vage	车龄	分类变量	10个水平：1—10年

变量名	描述	性质	变量水平
ageg	驾驶人年龄分类	分类变量	7个水平：年龄小于等于20岁（1）、年龄21—25岁（2）、年龄26—30岁（3）、年龄31—40岁（4）、年龄41—50岁（5）、年龄51—60岁（6）、年龄61岁及其以上（7）
region	汽车行驶区域	分类变量	5个水平：北京（BJ）、上海（SH）、天津（TJ）、重庆（CQ）、深圳（SZ）
clm	是否产生索赔	分类变量	2个水平：发生索赔（1）、不发生索赔（0）

各个变量的分布情况，如表9-2至表9-5所示。

表9-2 保单类型

变量	转入（A）	新车（B）	续保1年（C）	续保2年（D）	续保3年以上（E）
车辆	3791	491	3398	2668	2525

表9-3 驾驶人性别

变量	女（F）	男（M）
人数	5515	7358

表9-4 车龄

变量	1	2	3	4	5	6	7	8	9	10
人数	1417	1303	1605	1568	1508	1418	1278	1109	885	782

表9-5 驾驶人年龄分类

变量	20岁以下	21—25岁	26—30岁	31—40岁	41—50岁	51—60岁	60岁以上
人数	262	994	1335	3153	3246	2588	1297

表9-6　　　　　　　　　汽车行驶区域

地区	北京	重庆	上海	深圳	天津
车辆	3710	1849	2827	2399	2088

二　产生交叉验证数据集

一般来说，有两种对分类器的错误率进行评估的方法：一种为保留方法，例如，使用90%的数据进行培训，10%用于测试；另一种为k折交叉验证方法。通过利用大量数据集、使用不同学习技术进行的大量试验，表明10折是获得最好误差估计的恰当选择，因此，研究中常使用10折交叉验证方法。本书也将采用这种方法。将数据集分成10份，轮流将其中9份作为训练数据，1份作为测试数据，进行试验。每次试验都会得出相应的正确率（或差错率）。10次结果的正确率（或差错率）的平均值作为对算法精度的估计，一般还需要进行多次10折交叉验证（如10次10折交叉验证），再求其均值，作为对算法准确性的估计。

利用R语言中的Fold（）函数，读取数据并平衡地把观测值随机分为10份。将用哑元表示的分类变量因子化。

三　模型验证结果

（一）决策树及集成学习分类方法的验证结果

1. 决策树（分类树）

使用程序包rpart中的函数rpart（），产生了如表9-7所示的决策树分类结果和如图9-4所示的决策树分类结果。

表9-7　　　　　　　　　决策树分类结果

编号（node）	拆分变量（split）	观测值（n）	分错数（loss）	判定结果（yval）	索赔概率
1	根节点	12873	3646	1	(0.28322846　0.71677154)
2	行驶区域＝重庆、上海、深圳、天津	9163	3316	1	(0.36189021　0.63810979)

编号 （node）	拆分变量（split）	观测值 （n）	分错数 （loss）	判定结果 （yval）	索赔概率
4	车龄 = 7、8、9、10	2553	1018	0	（0.60125343　0.39874657）
8	行驶区域 = 重庆、天津	842	255	0	（0.69714964　0.30285036）
9	行驶区域 = 上海、深圳	1711	763	0	（0.55406195　0.44593805）
18	车龄 = 9、10	681	232	0	（0.65932452　0.34067548）
19	车龄 = 7、8	1030	499	1	（0.48446602　0.51553398）
38	性别 = 女	394	155	0	（0.60659898　0.39340102）
39	性别 = 男	636	260	1	（0.40880503　0.59119497）
78	年龄 = 1、2、7	120	40	0	（0.66666667　0.33333333）
79	年龄 = 3、4、5、6	516	180	1	（0.34883721　0.65116279）
5	车龄 = 1、2、3、4、5、6	6610	1781	1	（0.26944024　0.73055976）
10	年龄 = 1、2、6、7	2493	1017	1	（0.40794224　0.59205776）
20	年龄 = 7	529	225	0	（0.57466919　0.42533081）
21	年龄 = 1、2、6	1964	713	1	（0.36303462　0.63696538）
11	年龄 = 3、4、5	4117	764	1	（0.18557202　0.81442798）
3	行驶区域 = 北京	3710	330	1	（0.08894879　0.91105121）

表9－7表示的是决策树的打印结果。其中，node列为决策树节点编号，split列表示在此节点下分叉所选择的拆分变量，如1号节点为root即根节点，在2号节点下选择region（汽车行驶区域）为拆分变量，由此决定下一分叉的走向。n列表示在此节点观测值的个数，loss列表示若该节点为终节点，选择分错的观测值个数。yval列表示若该节点为终节点，则clm＝1或clm＝0，决定clm为1或0的原则为少数服从多数原则。yprob列表示在此节点的clm的两个水平的比例。

结果显示，整个决策树共有8次分叉，从打印结果可以看出，在根节点的观测值数目共有12873个，由于clm两个水平的比例为0.28∶0.72，clm＝1为多数，按照少数服从多数的原则，如果这个节点是终节点，那么决策树为clm＝1，损失为3646个分错，在这个节点，被选中的拆分变量为region。当region＝BJ（北京）时，走向右边节点，观测数目为 3710，clm 两个水平之比为 0.09∶0.91，此时做决策则 clm = 1，有 330 个分错，这是第一个终节点；region = CQ（重庆）、SH（上海）、SZ（深圳）、TJ（天津）时，走向左边节点，观测数目为 9163，clm 两个水平之比为 0.36∶0.64，如果此时做决策，则 clm = 1，有 3316 个分错。按照上述过程逐步分叉，最终得到 9 个终节点。

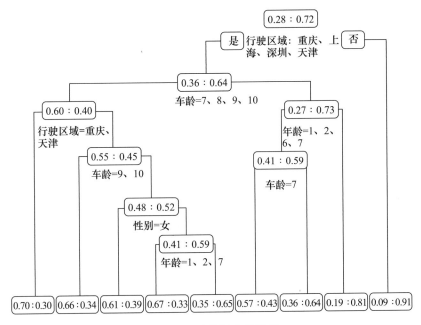

图 9 - 4　决策树分类结果

执行代码得到对训练集的分类误差，其中，行是真实类，列是预测类。如表 9 - 8 所示，一共有 2894 个观测值被分错，误判率为 0.2248116。

表 9 - 8　　　　决策树对机动车保险索赔数据的分类结果

	0	1
0	1659	1987
1	907	8320

2. adboost 分类

使用程序包 adabag 中的 boosting（）函数，boosting（）函数的默认迭代次数为 100 次，即产生 100 棵决策树。执行代码可得到变量重要性图，如图 9 - 5 所示。可以看出，在 adaboost 拟合数据的过程中，驾驶人年龄、汽车行驶区域、车龄是相对比较重要的变量。

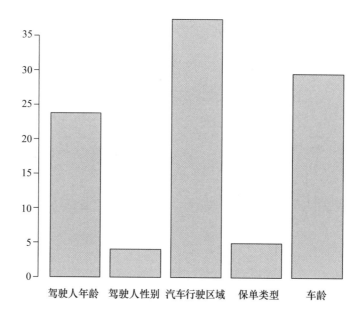

图 9 - 5 adaboost 拟合数据时的变量重要性

执行代码得到对训练集的分类误差，其中，行是真实类，列是预测类，如表 9 - 9 所示，一共有 2640 个观测值被分错，误判率为 0.2050804。

表 9 - 9　　　　adboost 对机动车保险索赔数据的分类结果

	0	1
0	2006	1640
1	1000	8227

3. Bagging 分类

使用程序包 adabag 中的 bagging（）函数，bagging（）函数同 boosting（）函数一样，默认迭代次数为 100 次，即产生 100 棵决策树。执行代码可得到变量重要性图，如图 9 - 6 所示。可以看出，在 Bagging 拟合数据的过程中，汽车行驶区域、车龄是相对比较重要的变量。

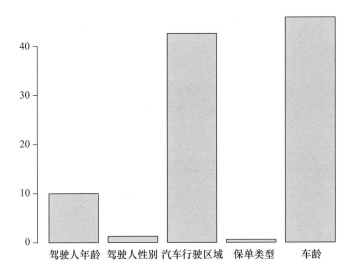

图 9 - 6　Bagging 拟合数据时的变量重要性

执行代码得到对训练集的分类误差，其中行是真实类，列是预测类，如表 9 - 10 所示，一共有 2973 个观测值被分错，误判率为 0.2309485。

表 9 - 10　　Bagging 对机动车保险索赔数据的分类结果

	0	1
0	1546	2100
1	873	8354

4. 随机森林分类

随机森林和使用决策树作为基本分类器的 Bagging 有些类似。随机森林同 Bagging 一样，都是多次自助法放回抽样，但是，所得到的样本数目及由此建立的决策树数量远远多于 Bagging 的样本数目。

使用程序包 randomforest 中随机森林函数 randomforest（），其建立决策树棵树的默认值为 500。

执行代码得到对训练集的分类误差，其中，行是真实类，列是预测类，如表 9 – 11 所示，一共有 2284 个观测值被分错，误判率为 0. 1774256。

表 9 – 11　　　　随机森林对机动车保险索赔数据的分类结果

	0	1
0	2191	1455
1	829	8398

（二）监督学习及神经网络分类方法的验证结果

1. 最近邻方法分类

使用程序包 kknn 中的 kknn（）函数，在用最近邻方法时，一个测试集点的因变量的预测值应该等于离它最近的 k 个训练集点相应的因变量值的平均，这些平均一般是加权平均，k 的选择不同所得出的结果也不同。

取 k = 6，执行代码得到对训练集的分类误差，其中，行是真实类，列是预测类，如表 9 – 12 所示，一共有 2364 个观测值被分错，误判率为 0. 1836402。

表 9 – 12　　　　最近邻方法对机动车保险索赔数据的分类结果

	0	1
0	2208	1438
1	926	8301

2. 支持向量机分类

在 R 语言中，有两个关于 svm 的函数，程序包 e1071svm（）函数和程序包 kernlab 中的 ksvm（）函数，在 ksvm（）中包括更多的核方法函数。在使用支持向量机方法时，一个重要的步骤是选择核函数，选择 sigmoid（反曲核函数）。使用程序包 e1071 中的 svm（）函数。执行代码得到对训练集的分类误差，其中，行是真实类，列是预测类，如表 9 - 13 所示，一共有 2809 个观测值被分错，误判率为 0.2182087。

表 9 - 13　支持向量机 svm（）对机动车保险索赔数据的分类结果

	0	1
0	1775	1871
1	938	8289

使用程序包 kernlab 中的 ksvm（）函数。执行代码得到对训练集的分类误差，其中，行是真实类，列是预测类，如表 9 - 14 所示，一共有 2544 个观测值被分错，误判率为 0.1976229。

表 9 - 14　支持向量机 ksvm（）对机动车保险索赔数据的分类结果

	0	1
0	1998	1648
1	896	8331

3. 神经网络分类

使用程序包 nnet 中的 nnet（）函数。其中，关于 size（隐藏节点个数，从 1—20 个）的选择是非常重要的，同在最近邻方法中 k 的取值一样，需要通过交叉验证的比较后，才能选择合适的数量。本书研究中，经过多次验证后选取 size 为 2。

执行代码后得到的误判率为 0.2138414。

（三）10折交叉验证结果对比及小结

利用上述方法基于交叉验证子集做10折交叉验证，交叉验证结果如表9-15和图9-7所示。

表9-15　　　　机动车辆保险索赔数据八种方法的10折
交叉验证测试集误判率

方法	测试集误判率	方法	测试集误判率
决策树（tree）	0.2385591	支持向量机（svm）	0.2224767
Boosting	0.2116783	支持向量机（ksvm）	0.2150188
Bagging	0.2340540	最近邻方法（kknn）	0.2504461
随机森林（randomforest）	0.2159538	神经网络（nnet）	0.2109786

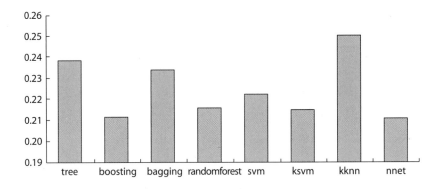

图9-7　机动车辆保险索赔数据八种方法的10折交叉验证测试集误判率

结合车险索赔数据进行应用，构建了预测索赔发生的八种机器学习模型，得到了以下两点结论：

第一，通过模型分析结果可以看出，无论是基于哪种方法，索赔是否发生，都与车因素（车龄）、从人因素（驾驶人年龄、驾驶人性别）和从环境因素（行驶区域）有关。另外，保单类型对索赔是否发生也有一定的影响程度。

第二，模型运行的好坏需要依据相应的统计量进行比较分析。通过上述结果可以看出，虽然用kknn（）函数实现的最近邻方法在对数据的单次拟合效果中优于神经网络、支持向量机等模型，但 10 折交叉验证后的结果显示，其测试集误判率较高，即 10 折交叉验证后的模型结果更贴合模型实际水平。

从交叉验证后所得到的测试集误判率对比可得，Boosting、随机森林、支持向量机、神经网络的误判率较低，其中神经网络误判率最低。本书选取表现最优的神经网络模型对机动车保险索赔预测作进一步的研究。

第三节　车险索赔概率预测模型的构建

一　索赔发生概率的广义线性模型

同样使用第三章的数据，在 GLM 中，索赔发生是模型中的二分类响应变量，故选择 Logit 连接函数。以保单类型、驾驶人年龄、驾驶人性别、车龄、汽车行驶区域为解释变量，建立 GLM—Logistic 回归模型，其中，设定解释变量的基础水平为 typeA、ageg5、genderM、regionBJ：

$$Logit\ \pi = \beta_0 + \beta_1 type + \beta_2 ageg + \beta_3 gender + \beta_4 vage + \beta_5 region$$

$$(9-13)$$

分析模型 Logit π 的随机分位残差，如图 9 - 8 所示。

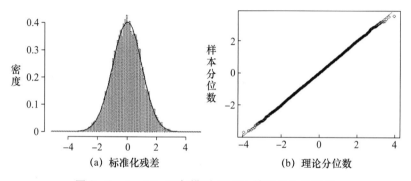

(a) 标准化残差　　　　　(b) 理论分位数

图 9 - 8　Logistic 回归模型 GLM1 的随机分位残差

从图 9 - 8 中可以看出，该模型的随机分为残差十分符合标准正态分布，说明该模型分布假设适当，对数据有较好的拟合作用。

利用 R 语言中的 Anova（ ）函数，检验模型中解释变量是否显著。

从表 9 - 16 的结果中可以看出，该模型的所有解释变量的卡方统计量值较大，且 p 值接近于零，表明模型中所有解释变量高度显著。

表 9 - 16　　　　　　　　模型解释变量的显著性分析

解释变量	LR 统计量
保单类型	232.49 ***
驾始人性别	422.65 ***
车龄	1615.58 ***
驾始人年龄	1309.75 ***
汽车行驶区域	2677.23 ***

注：*** 表示 p 值小于 0.001。

该模型的参数估计值如表 9 - 17 所示，并得到其 AIC 准则值为 11127。

表 9 - 17　　　　GLM—Logistic 回归模型得到的参数估计值

水平因子	估计值	水平因子	估计值	水平因子	估计值
截距项	6.78020 ***	5 年车龄	- 1.36549 ***	31—40 岁	0.15428 *
新车	1.20998 ***	6 年车龄	- 1.81009 ***	51—60 岁	- 0.96328 ***
续保 1 年	- 0.53448 ***	7 年车龄	- 2.32994 ***	61 岁以上	- 2.62870 ***
续保 2 年	- 0.86618 ***	8 年车龄	- 2.77696 ***	重庆	- 3.94314 ***
续保 3 年以上	- 0.70891 ***	9 年车龄	- 3.17036 ***	上海	- 2.70788 ***
女性	- 1.00547 ***	10 年车龄	- 3.48303 ***	深圳	- 3.00041 ***
2 年车龄	- 0.20598	20 岁以下	- 2.77792 ***	天津	- 3.47549 ***
3 年车龄	- 0.98352 ***	21—25 岁	- 1.40845 ***	—	—
4 年车龄	- 1.03715 ***	26—30 岁	- 0.42777 ***	—	—

注：*** 表示 p 值小于 0.001；* 表示 p 值小于 0.05。

从表9-17中的模型输出结果中可以看出，只有车龄变量在2年车龄上的回归系数不显著，其他回归系数都是高度显著的。总体来看，车龄和汽车行驶区域对于结果的影响程度较大。

二　索赔发生概率的径向基神经网络模型

（一）RBF神经网络与BP神经网络比较

RBF（Radial Basis Function）函数网络是一种三层前向网络（前馈反向传播网络），包括输入层、隐藏层和输出层。输入层为信号源节点；变换函数RBF作为隐函数的"基"构成隐藏层空间，不需要通过权接即可将输入向量映射到隐藏层，映射关系的确立随RBF中心点（center）的确定而确定。而隐藏层空间到输出层的映射是线性的，即网络的输出是隐单元输出的线性加权和。

图9-9和图9-10展示了RBF神经网络与BP神经网络的结构对比，从图中可以看出，两者输出层均为线性结构，两者的主要不同点在于其隐藏层的激活函数。BP神经网络为inner-product+tanh结构，inner-product指BP神经网络的隐节点采用输入模式与权向量的内积作为激活函数的自变量。激活函数主要选择tanh函数或sigmoid函数，两个函数线性相关，原则上，在有bias的情况下，两个函数的表达能力一样。然而，在实际运用中，因为sigmoid相当于

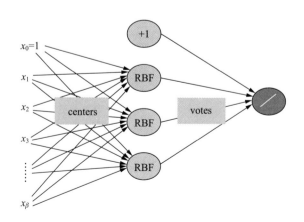

图9-9　RBF网络结构

自带了 bias，需要实际的 bias term 去抵消它的影响，这对优化会造成影响。所以，tanh 被运用得更广泛。

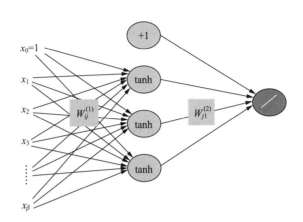

图 9 – 10　BP 神经网络结构

式（9 – 14）展示了 tanh 函数与 sigmoid 函数的线性相关关系：

$$1 - 2\text{sig}(x) = -\tanh\left(\frac{x}{2}\right) \tag{9 – 14}$$

由于 BP 神经网络的神经元之间是矩阵相乘和相加的线性操作，所以，对 tanh 函数优化好的一套参数经过式（9 – 15）的线性变换就能用于 sigmoid 函数：

$$W\tanh(x) + b = w[2\text{sig}(2x) - 1] + b = 2W\text{sig}(2x) + b - W_1 \tag{9 – 15}$$

由于 tanh 函数在原点附近与 y = x 函数相近，当激活值较低时，可以直接进行矩阵运算，训练相对容易。tanh 函数比 sigmoid 函数更优。

RBF 网络为 distance + Gaussian 结构，distance 是指 RBF 网络的隐节点采用输入模式与中心向量的距离（如欧氏距离）作为函数的自变量，并使用高斯函数（Gaussian 函数）作为激活函数。其表达式如式（9 – 16）所示：

$$\exp\{-[b(x-w)]^2\} \tag{9 – 16}$$

式中，x 为自变量；b 为 bias，一般为固定常数，决定 Gaussian 函数的宽度；w 为 weight，即输入权重，决定 Gaussian 函数的中心点，是一个可变常数。核函数的输出是一个局部的激活函数。在权重（weight）处有最大反应，越接近权重则反应越大，越远离权重则反应越递减。

由此可以看出，BP 神经网络中各隐节点对网络输出具有同等地位的影响，是对非线性映射的全局逼近，RBF 神经网络中网络的输出与数据中心离输入模式较近的局部隐节点关系较大，具有局部映射的特性。这种特性使 RBF 神经网络能够在训练阶段自适应调整，有更好的网络适用性，学习速度更快，比 BP 算法表现出更好的性能。

（二）RBF 神经网络模型的建立

本书将使用 R 语言 RSNNS 包中的 RBF（）函数实现 RBF 神经网络模型。

利用 splitForTrainingAndTest（）函数将原始数据按比例拆成训练集和测试集，返回 list，包括训练评价集（inputsTrain）、训练结果集（targetTrain）、测试评价集（inputsTest）和测试结果集（targetTest）。

建立 RBF 神经网络模型时，经多次测试设定隐藏层节点个数 size 为 10，最大迭代个数为 500。即在该 RBF 神经网络中，输入层 5 个节点，对应 5 个自变量；隐藏层 10 个节点；输出层 2 个节点，给出判断。该模型各节点的信息如表 9 - 18 所示。

表 9 - 18　　　　　　　　RBF 神经网络模型节点信息

编号	单位名	激活函数值	偏差	层次类型	位置	激活函数
1	Input_1	- 1. 32811	0. 00000	i	1，0，0	等值出数
2	Input_2	0. 86398	0. 00000	i	2，0，0	等值出数
3	Input_3	- 0. 01173	0. 00000	i	3，0，0	等值出数
4	Input_4	- 0. 43621	0. 00000	i	4，0，0	等值出数

续表

编号	单位名	激活函数值	偏差	层次类型	位置	激活函数
5	Input_5	0.83090	0.00000	i	5, 0, 0	等值出数
6	Hidden_2_1	0.99997	0.02000	h	1, 2, 0	高斯函数
7	Hidden_2_2	0.78977	0.02000	h	2, 2, 0	高斯函数
8	Hidden_2_3	0.93393	0.02000	h	3, 2, 0	高斯函数
9	Hidden_2_4	0.85430	0.02000	h	4, 2, 0	高斯函数
10	Hidden_2_5	0.84399	0.02000	h	5, 2, 0	高斯函数
11	Hidden_2_6	0.83889	0.02000	h	6, 2, 0	高斯函数
12	Hidden_2_7	0.91538	0.02000	h	7, 2, 0	高斯函数
13	Hidden_2_8	0.85399	0.02000	h	8, 2, 0	高斯函数
14	Hidden_2_9	0.82200	0.02000	h	9, 2, 0	高斯函数
15	Hidden_2_10	0.92241	0.02000	h	10, 2, 0	高斯函数
16	Output_1	0.24155	1.06581	o	1, 4, 0	加权线性函数
17	Output_2	0.79094	0.04763	o	2, 4, 0	加权线性函数

该模型的连接权矩阵如表 9 - 19 和表 9 - 20 所示。

表 9 - 19　　　　　　输入层与隐藏层的连接权矩阵

	隐藏层 2 - 1	隐藏层 2 - 2	隐藏层 2 - 3	隐藏层 2 - 4	隐藏层 2 - 5
输入层 1	- 1.33592	1.32639	0.23063	- 0.11502	1.26458
输入层 2	0.85604	0.95942	0.79522	- 0.93754	0.97662
输入层 3	0.01516	- 0.41141	0.89229	- 0.81871	1.18797
输入层 4	- 0.43484	1.70506	- 0.56169	1.01756	- 0.97574
输入层 5	0.85525	0.80806	0.44347	0.20471	0.70677
	隐藏层 2 - 6	隐藏层 2 - 7	隐藏层 2 - 8	隐藏层 2 - 9	隐藏层 2 - 10
输入层 1	1.23854	- 1.10268	- 0.01932	- 1.44769	0.14210
输入层 2	0.72917	- 0.87244	0.59466	- 1.09042	0.50051
输入层 3	- 0.06236	- 0.35073	0.75141	- 0.73600	- 0.88060
输入层 4	- 1.89516	0.27998	- 0.33985	1.80961	0.52472
输入层 5	1.04681	1.68349	- 1.51746	1.46222	0.57290

表 9 - 20　　　　　　　　　隐藏层与输出层的连接权矩阵

	输出层 1	输出层 2
隐藏层 2 - 1	- 1. 16959	2. 08552
隐藏层 2 - 2	1. 46096	- 3. 45194
隐藏层 2 - 3	29. 36957	- 39. 84440
隐藏层 2 - 4	7. 32131	- 8. 65174
隐藏层 2 - 5	- 18. 05340	27. 35380
隐藏层 2 - 6	9. 12968	- 14. 12150
隐藏层 2 - 7	- 16. 43680	21. 02311
隐藏层 2 - 8	- 9. 06646	10. 22491
隐藏层 2 - 9	9. 78984	- 13. 35070
隐藏层 2 - 10	- 13. 19690	19. 23820

该模型的迭代误差图如图 9 - 11 所示。

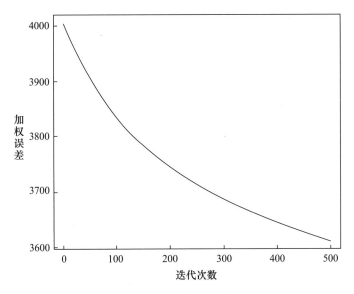

图 9 - 11　RBF 模型迭代误差

　　混淆矩阵是以矩阵形式将数据集中的记录按照真实的类别与分类模型做出的分类判断两个标准进行汇总。分类模型总体判断的准确率为:

$$Accuracy = \frac{TP + TN}{TP + FP + FN} \qquad\qquad (9-17)$$

式中，TP 为真阳性即真实为正类，预测也为正类；FN 为假阴性即真实为正类，预测为负类；FP 为假阳性即真实为负类，预测为正类；TN 为真阴性即真实为负类，预测也为负类。一般情况下，模型的精度越高，说明模型的效果越好。

该模型测试集分类混淆矩阵如表 9-21 所示，其中，行为预测类，列为真实类，从表中可以看出，在利用 85% 的数据进行学习后，测试集有 459 个分错。

表 9 – 21　　　　　　　　　模型测试集分类混淆矩阵

	预测类 = 0	预测类 = 1
真实类 = 0	158	350
真实类 = 1	109	1314

三　模型对比

利用 R 语言中的 pROC（）函数对 GLM 模型及 RBF 模型画出 ROC 曲线图 9-12，并得到 AUC 值。比较结果如表 9-22 所示。

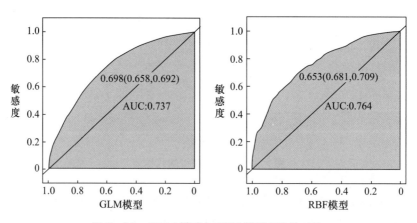

图 9 – 12　GLM 模型与 RBF 模型 ROC 对比

表 9 – 22　　　　　　　　GLM 模型与 RBF 模型比较结果

	GLM 模型	RBF 模型
最佳临界值	0.696	0.653
AUC 值	0.737	0.764

　　本节主要利用广义线性模型和 RBF 神经网络模型对车险索赔数据进行应用，构建了一个输入层 5 个节点，隐藏层 10 个节点，输出层 2 个节点的 RBF 神经网络。主要得到了以下两个结论：

　　第一，经过数据验证，RBF 神经网络模型能够较好地拟合车险索赔数据。其关键点在于选择合适的隐藏层节点个数，节点个数的选择也需要通过对数据的多次拟合得出。

　　第二，比较广义线性模型与 RBF 神经网络模型的 ROC 曲线和 AUC 值可以发现，两者的数值较为接近，说明在这个数据集中，两者的分类预测性能水平相当。即 RBF 神经网络模型完全不能代替广义线性模型，但可以作为广义线性模型验证和参考的方式，以此来提高索赔预测发生的准确率。

第十章 研究结论与展望

本书主要扩展非寿险精算中的广义线性模型。把 Copula 函数、基于多元分布的回归模型和 GAMLSS 模型相结合,构建多种相依风险下的损失估计模型,改进了传统独立风险假设下的损失模型,并利用机器学习方法,对车险索赔数据进行拟合,建立车险索赔概率模型。通过实证分析和比较,表明基于独立假设的传统广义线性模型会低估风险损失,高估风险度量,进而高估经济资本,因此,当存在相依风险时,在费率厘定和风险管理中,应考虑应用相依结构下的精算模型。

本书的工作只是阶段性的研究结果,由于理论模型构建的复杂性及现有数据选择的局限性,在研究内容和模型应用上,还存在一些不足。下面简要地概述本书的主要研究结论、存在的不足以及后续的相关工作。

第一节 研究结论

本书的主要工作是构建了多种相依关系下的非寿险精算模型,用实证方法与传统独立性假设下的精算模型比较,研究相依性风险对于非寿险费率厘定和风险管理的影响。

第一,用 GAMLSS 模型推广传统的广义线性模型。GAMLSS 模型包含大多数常用的回归模型,适用范围更广。它对因变量只要求密度函数对分布参数的一、二阶导数存在即可,这大大地扩展了广义线性模型中的指数分布族假设选择范围。GAMLSS 模型还可以同时对损失分布的位置、尺度和形状参数建立回归模型，分析解释变量的影响，解决不同分布参数的异质性问题。GAMLSS 模型中还可以加入非参数可加的回归形式和随机效应部分。因此，GAMLSS 模型的形式更加灵活丰富，可以提高对损失分布的估计效果。

第二，基于非寿险损失数据的零膨胀、过离散、右偏厚尾等特点，比较了不同假设分布的拟合效果，包括估计累计损失的零调整逆高斯分布、零调整伽马分布与常用的 Tweedie 分布，估计损失次数的零膨胀负二项分布、零膨胀泊松分布与传统的泊松分布，以及估计损失金额的逆高斯分布、对数正态分布、帕累托分布与常用的伽马分布。拟合结果表明，合理的分布假设是建立损失模型的前提和基础，引入的新类型损失分布，可以更好地刻画非寿险损失数据的特点，基于这些分布假设的损失模型更为合理，估计精度也更高。

第三，用二元分布推广传统的一元损失分布假设，度量风险间的相依关系。多元分布的优点是：可以通过添加独立的公共变量等方法来构建相依风险结构，解释直观，对应的多元分布回归模型可以方便地度量费率因子对风险相依关系的影响。本书主要用零膨胀二元泊松分布和二元麦凯伽马分布来改进传统的一元泊松分布和一元伽马分布损失假设，并基于此建立对应的损失估计模型，既考虑了损失数据的分布特点，又度量了风险间相依关系，结果表明，车辆损失和第三者责任损失次数之间具有明显的正向相依关系。

第四，用 Copula 函数来估计相依风险损失。二元分布尽管可以方便地度量风险间相依关系，但边缘分布选择很受局限，不易推广到更一般的分布形式，而且也不易在二元损失变量以上的情况实现。Copula 函数的优点是：把相依关系与边缘分布分离开，可以通过分别选择不同的 Copula 连接函数和边缘分布来灵活构造适合的联合分布。本书应用正态、t、克莱顿、弗兰克和冈贝尔等不同参数 Copula 函数来度量车辆损失和第三者责任损失金额之间的相依关系，结果表明，冈贝尔 Copula 函数效果最好，接着依次是弗兰克 Copula 函数、t Copula 函数和正态 Copula 函数，但这三者差别不大，效果较差的是克莱顿 Copula 函数。对照这些参数 Copula 函数的尾部相依特征，表明对于不同风险下具有右偏厚尾特征的车险损失数据，大额损失之间存在较为明显的正向相依关系，小额损失之间的相依关系则不明显。

第五，把二元离散分布下的回归模型与 GAMLSS 模型相结合，构建相依两阶段模型。用零膨胀二元泊松回归模型估计相依的损失次数，用 GAMLSS 模型估计损失金额，改进了传统独立假设下基于广义线性模型的两阶段估计模型。

第六，把 Copula 函数和多元连续分布回归模型分别与 GAMLSS 相结合，把三阶段模型推广到更加丰富灵活的形式。分别用 GAMLSS 模型估计赔付次数，用多项逻辑回归模型估计赔付类型，用正态 Copula 函数、t Copula 函数、冈贝尔 Copula 函数等或二元麦凯伽马分布回归模型来估计相依的损失金额。

第七，通过分析国内的实际车险损失数据得出结论：非寿险中的风险损失往往存在相依关系，此时构建的相依风险模型要比传统的独立性假设模型更为合理。实证结果表明，当存在相依风险时，基于 Copula 函数或多元分布的损失模型可以较好地估计风险损失，其中 Copula 函数更为灵活方便。而基于独立性假设的广义线性模型等传统方法则会低估风险损失，这可能导致厘定偏低的费率，得到较高的 VaR 和 CTE 等风险度量，从而也准备更多的经济资本，也就是说，收取的保费可能不足，同时又采取了偏于保守的风险管理策略。此时建立相依风险下的精算模型更为合理。

第八，机器学习方法是一类结果可靠、精度高、速度快的大数据分析方法。Boosting、随机森林、支持向量机、神经网络的平均误判率较低，其中神经网络误判率最低。在神经网络模型中，径向基神经网络优于传统的 BP 神经网络。通过与 GLM 模型进行对比，发现两者分类预测性能水平相当，即径向基神经网络模型并不能完全取代传统广义线性模型，但可作为广义线性模型的检验和辅助。并且在未来车险数据采集范围更广、影响因子不易量化的情况下，机器学习方法有着不可比拟的优势，能够更好地还原数据，挖掘原始数据的深层关系，为建立高效、低成本、贴近需求的车险定价体系提供支持。

第二节　研究不足与展望

一　研究不足

随着科技的进步和方法的更新，非寿险精算模型也在不断地发展，本书研究作为阶段性成果，存在一些不足，相关的后续工作需要进一步深入和展开。

第一，实证数据信息量不够充足。出于保密和敏感性等原因，保险公司的实际数据一般难以获得，本书仅分析了某地区分公司一个保单年的损失数据，费率因子也都为分类变量。虽然分析的数据结构具有代表性，但若有更丰富的数据信息，可以把模型进一步推广，比如同时考虑个体保单的历史损失之间及不同类型损失之间的相依关系，并且对连续费率因子引入更为精确的三次样本等非参形式进行分析等。

第二，把 Copula 函数推广到多元、非参数的形式，全面度量可能存在的相依风险，同时构建损失次数之间、损失金额之间以及损失次数与损失金额之间等各种风险相依结构。这样构建的模型可能过于复杂，实际应用中对定价系统运算效率的要求比较高。

第三，通过模型结构上的统计性质理论证明来进行模型的选择和比较。目前对于结构较为复杂的模型，大都基于实证分析，用拟合优度来检验或比较。如何通过更为严谨的理论推导和证明，来分析模型的统计性质和拟合效果还有待于进一步讨论。比如可以通过引入随机序方法和同单调等理论来进一步严格证明相依风险对于损失估计、费率厘定和风险度量的影响。

第四，把考虑相依关系下的精算模型应用到保险实务中，进行产品定价和风险管理。考虑相依关系尽管更符合实际情况，对损失的估计精度更高，但是，也会使模型结构比较复杂，实际应用中如何做出平衡，并对模型进行具体应用还需要进一步研究。

第五，受到数据采集和编程计算的局限，本书仅分析了车险数据，但相依风险普遍存在金融保险的各领域中，本书构建的相依风险模型同样可以推广应用，比如保险公司间的风险关联、非寿险和寿险等行业之间的相依性，以及考虑保单历史经验赔付记录的纵向数据分析等。

二 研究展望

为此，提出如下研究展望：

（一）车险费率市场化进程展望

我国车险费率市场化有着长期性、渐进性、持续性的特点，并随着政策传导和市场反应而修订调整。当前我国正处于车险费率深化改革的关键时期，从最新的监管政策来看，保险监督管理机构进一步放宽了部分地区商业车险的自主定价范围。可以看到，目前的车险费率深化改革采取的是"小步快走"的方式，未来或将在部分地区全面放开自主定价权，为在全国范围内持续推进深化改革探索积累经验。与此同时，保险市场中伴随着商车费改的深化，市场竞争正变得越发激烈。保险公司需要考虑改革和发展两方面的问题，将对其风险管理、定价能力、经营能力诸多方面提出挑战。

从国外发达国家的车险费率市场化改革经验中可以看到，随着保险公司费率厘定方式的逐步修改和完善，各个保险公司将具备一套符合自身特点的费率细则和经营模式，在一定程度上达到细分市场、合理竞争效果。我国车险市场经历市场化改革后也将走向一个能够实现良性循环的成熟市场。

（二）车险定价影响因素的拓展

国内在车险定价时更多地考虑从车因子，随着大数据、物联网等技术的应用，车险定价中的从人因子将被深入挖掘，使不同客户的保费金额有所差异。同时，非结构化数据和动态数据也可以为车险定价提供参考。非结构化数据的使用即保险公司将对来自互联网、物联网、车联网的视频和图像等信息进行加工及应用，建立起标准化、定量化的数据库，完成海量特征挖掘，用于车险定价。动态数据的使用即车险定价可以根据实时的驾驶数据、交通数据进行动态定价，不再只依靠历史数据。

在实际的应用中，目前在我国有蚂蚁金服的"车险分"平台，其通过职业特性、身份特质、信用历史、消费习惯、驾驶习惯和稳定水平六个维度海量数据的分析以及人工智能的算法应用，提升保险定价的公平性和效率。

（三）机器学习在车险中的应用

大数据、人工智能等新技术正在快速推动金融创新，而机器学习正是数据挖掘中的常用方法。随着技术的进步，未来必将会出现更多创新型的应用。车险行业在定价、定损、核保等各个方面都存在科技升级的潜能。美国第四大私人客户汽车保险公司 Geico 公司通过网络投保问题设置和与第三方公司的合作获取丰富数据。例如，FaceBook 上的一些爱好、社交情况等数据也帮助其进行风险定价。法国创业公司 Shift Technology 正在用大数据和人工智能技术为保险公司提供反欺诈手段，美国创业公司 Carpe Data 通过数据对保险用户进行风险评级。可以预见，随着保险科技的发展及应用，未来保险公司将会从底层架构到核心业务系统实现新一轮变革。

参考文献

［1］ 白保中、宋逢明、朱世武：《Copula 函数度量我国商业银行资产组合信用风险的实证研究》，《金融研究》2009 年第 4 期。

［2］ 陈辉、陈建成：《我国保险投资组合的模拟和金融风险测量研究》，《统计研究》2008 年第 11 期。

［3］ 胡啸兵、何旭静、张成虎：《中国股票市场流动性与收益率相关分析——基于 Copula—GARCH 模型的实证研究》，《大连理工大学学报》（社会科学版）2012 年第 2 期。

［4］ 康萌萌：《广义线性混合模型及其 SAS 实现》，《统计教育》2009 年第 10 期。

［5］ 李国安：《二元 Block—Basu 型指数分布的特征及其应用》，《数学的实践与认识》2007 年第 10 期。

［6］ 李悦、程希骏：《上证指数和恒生指数的 Copula 尾部相关性分析》，《系统工程》2006 年第 5 期。

［7］ 李政宵、孟生旺：《相依风险条件下的汽车保险定价模型》，《保险研究》2016 年第 7 期。

［8］ 梁冯珍、史道济：《基于 Copula 函数的保险准备金的确定方法》，《统计与决策》2006 年第 24 期。

［9］ 刘乐平、袁卫、张琅：《保险公司未决赔款准备金的稳健贝叶斯估计》，《数量经济技术经济研究》2006 年第 7 期。

［10］ 刘乐平、袁卫：《现代 Bayes 方法在精算学中的应用及展望》，《统计研究》2002 年第 8 期。

［11］ 刘志东：《基于 Copula—GARCH—EVT 的资产组合选择模型

及其混合遗传算法》，《系统工程理论方法应用》2006 年第 2 期。

[12] 毛泽春、刘锦萼：《广义线性模型与保费点数计价系统》，《统计研究》2002 年第 6 期。

[13] 孟生旺、袁卫：《汽车保险的精算模型及其应用》，《数理统计与管理》2001 年第 3 期。

[14] 孟生旺、李政宵：《基于随机效应零调整回归模型的保险损失预测》，《统计与信息论坛》2015 年第 12 期。

[15] 孟生旺、李政宵：《索赔频率与索赔强度的相依性模型》，《统计研究》2017 年第 1 期。

[16] 孟生旺、王选鹤：《GAMLSS 模型及其在车损险费率厘定中的应用》，《数理统计与管理》2014 年第 4 期。

[17] 孟生旺、徐昕：《非寿险费率厘定的索赔频率预测模型及其应用》，《统计与信息论坛》2012 年第 9 期。

[18] 孟生旺：《非寿险分类费率模型及其参数估计》，《数理统计与管理》2007 年第 4 期。

[19] 孟生旺：《风险模型：基于 R 的保险损失预测》，清华大学出版社 2017 年版。

[20] 孟生旺：《汽车保险的精算统计模型》，中国统计出版社 2014 年版。

[21] 尚勤、秦学志、张悦玫、胡友群：《基于 Copula 函数和王变换的巨灾死亡率债券定价研究》，《大连理工大学学报》2012 年第 1 期。

[22] 史美景、赵永淦：《基于 Copula—TGARCH 模型的股指期货最佳套期保值比研究》，《数理统计与管理》2012 年第 2 期。

[23] 孙维伟、陈伟珂：《有限混合分布在车险费率厘定中的应用》，《系统工程》2016 年第 5 期。

[24] 孙维伟、张连增：《ZAIG 模型在车险定价中的应用研究》，《保险研究》2013 年第 4 期。

[25] 王选鹤、孟生旺、王雅实：《基于厚尾损失分布的汽车保险定价模型及其应用》，《保险研究》2017年第4期。

[26] 韦艳华、张世英：《金融市场的相关性分析——Copula – GARCH 模型及其应用》，《系统工程》2004年第4期。

[27] 温利民、龚海林、王静龙：《具有风险相依结构的 Buhlmann 信度模型》，《应用数学学报》2010年第4期。

[28] 吴振翔、陈敏、叶五一、缪柏其：《基于 Copula—GARCH 的投资组合风险分析》，《系统工程理论与实践》2006年第3期。

[29] 吴振翔、叶五一、缪柏其：《基于 Copula 的外汇投资组合风险分析》，《中国管理科学》2004年第4期。

[30] 谢凤杰、王尔大、朱阳：《基于 Copula 方法的作物收入保险定价研究——以安徽省阜阳市为例》，《农业技术经济》2011年第4期。

[31] 徐昕、袁卫、孟生旺：《负二项回归模型的推广及其在分类费率厘定中的应用》，《数理统计与管理》2010年第4期。

[32] 徐昕：《广义泊松回归模型的推广及其在医疗保险中应用》，《数理统计与管理》2017年第2期。

[33] 叶五一、缪柏其：《基于 Copula 变点检测的美国次级债金融危机传染分析》，《中国管理科学》2009年第3期。

[34] 张连增、孙维伟：《车险索赔概率影响因素的 Logistic 模型分析》，《保险研究》2012年第7期。

[35] 张尧庭：《连接函数（Copula）技术与金融风险分析》，《统计研究》2002年第4期。

[36] Agresti, A., *An Introduction to Categorical Data Analysis*, Cambridge: Cambridge University Press, 2007.

[37] Artzner, P., Delbaen, F. and Eber, J. M., "Coherent Measures of Risk", *Mathematical Finance*, Vol. 9, No. 3, 1999.

[38] Artzner, P., Delbaen, F., Eber, J. M. and Heath, D., "Co-

herent Measures of Risk", *Mathematical Finance*, Vol. 9, No. 3, 1999.

[39] Ben, Ghorbal N., Genest, C. and Nešlehová, J., "On the Ghoudi, Khoudraji, and Rivest Test for Extreme – Value Dependence", *Canadian Journal of Statistics*, Vol. 37, No. 4, 2009.

[40] Berg, D., "Copula Goodness – of – Fit Testing: An Overview and Power Comparison", *The European Journal of Finance*, Vol. 15, No. 7, 2009.

[41] Bermúdezi, Morata L., "A Priori Ratemaking Using Bivariate Poisson Regression Models", *Insurance: Mathematics and Economics*, Vol. 44, No. 1, 2009.

[42] Bolancé, C., Guillén, M. and Pinquet, J., "Time – Varying Credibility for Frequency Risk Models: Estimation and Tests for Autoregressive Specifications on the Random Effects", *Insurance: Mathematics and Economics*, Vol. 33, No. 2, 2003.

[43] Borch, K., "The Utility Concept Applied to the Theory of Insurance", *Astin Bulletin*, Vol. 5, No. 1, 1961.

[44] Bourguignon, F., Fournier, M. and Gurgand, M., "Selection Bias Corrections Based on the Multinomial Logit Model: Monte Carlo Comparisons", *Journal of Economic Surveys*, Vol. 21, No. 1, 2007.

[45] Bühlmann, H., Gagliardi, B., Gerber, H. and Straub, E., "Some Inequalities for Stop – Loss Premiums", *Astin Bulletin*, Vol. 9, No. 1, 1977.

[46] Burnham, K. P. and Anderson, D. R., "Multimodel Inference Understanding AIC and BIC in Model Selection", *Sociological Methods & Research*, Vol. 33, No. 2, 2004.

[47] Burnhan, K. P. and Anderson, D. R., "Model Selection and Multi – model Inference: A Practical Information – Theoretic Approach", *Journal of Wildlife Management*, Vol. 67, No. 3, 2002.

[48] Carbno, C. , "Actuarial Theory for Dependent Risks: Measures, Orders, and Models", *Technometrics*, Vol. 49, No. 4, 2006.

[49] Chen, L. S. , Tzeng, I. S. and Lin, C. T. , "Bivariate Generalized Gamma Distributions of Kibble's Type", *Statistics*, Vol. 48, No. 4, 2014.

[50] Cole, T. J. and Green, P. J. , "Smoothing Reference Centile Curves: The LMS Method and Penalized Likelihood", *Statistics in Medicine*, Vol. 11, No. 10, 2006.

[51] Corder, G. W. and Foreman, D. I. , *Nonparametric Statistics for Non - Statisticians: A Step - by - Step Approach*, New York: John Wiley & Sons, 2009.

[52] Cummins, J. D. and Wiltbank, L. J. , "Estimating the Total Claims Distribution Using Multivariate Frequency and Severity Distributions", *Journal of Risk and Insurance*, Vol. 1550, No. 3, 1998.

[53] De Haan, L. , Neves, C. and Peng, L. , "Parametric Tail Copula Estimation and Model Testing", *Journal of Multivariate Analysis*, Vol. 99, No. 6, 2008.

[54] De Jong, P. and Heller, G. Z. , *Generalized Linear Models for Insurance Data*, Cambridge: Cambridge University Press, 2008.

[55] De Jong Piet and Heller, Gillian Z. , *Generalized Linear Models for Insurance Data*, Cambridge: Cambridge University Press, 2008.

[56] Denuit, M. , "Actuarial Modelling of Claim Counts: Risk Classification, Credibility and Bonus Malus Systems", *Journal of the American Statistical Association*, No. 486, 2007.

[57] Denuit, M. M. and Mesfioui, M. , "Generalized Increasing Convex and Directionally Convex Orders", *Journal of Applied Probability*, Vol. 47, No. 1, 2010.

[58] Diggle, P. J. , "The Analysis of Longitudinal Data", *Journal of*

the American Statistical Association, Vol. 431, No. 90, 2002.

[59] Dow, J. K. and Endersby, J. W., "Multinomial Probit and Multinomial Logit: A comparison of Choice Models for Voting Research", *Electoral Studies*, Vol. 23, No. 1, 2004.

[60] Fahrmeir, L. and Lang, S., "Bayesian Inference for Generalized Additive Mixed Models Based on Markov Random Field Priors", *Journal of the Royal Statistical Society: Series C (Applied Statistics)*, Vol. 50, No. 2, 2001.

[61] Fermanian, J. D., "Goodness – of – Fit Tests for Copulas", *Journal of Multivariate Analysis*, Vol. 95, No. 1, 2005.

[62] Frahm, G., Junker, M. and Schmidt, R., "Estimating the Tail – Dependence Coefficient: Properties and Pitfalls", *Insurance: Mathematics and Economics*, Vol. 37, No. 1, 2005.

[63] Frees, E. W., *Longitudinal and Panel Data: Analysis and Applications in the Social Sciences*, Cambridge: Cambridge University Press, 2004.

[64] Frees, E. W., Shi, Shi P. and Valdez, E. A., "Actuarial Applications of a Hierarchical Insurance Claims Model", *ASTIN Bulletin – Actuarial Studies in Non Life Insurance*, Vol. 39, No. 1, 2009.

[65] Frees, E. W. and Valdez, E. A., "Hierarchical Insurance Claims Modeling", *Journal of the American Statistical Association*, Vol. 484, No. 103, 2008.

[66] Frees, E. W. and Valdez, E. A., "Understanding Relationships Using Copulas", *North American Actuarial Journal*, Vol. 2, No. 1, 1998.

[67] Frees, E. W. and Wang, P., "Credibility Using Copulas", *North American Actuarial Journal*, Vol. 9, No. 2, 2005.

[68] Frees, E. W., Young, V. R. and Luo, Y., "Case Studies U-

sing Panel Data Models", *North American Actuarial Journal*, Vol. 5, No. 4, 2001.

[69] Friedman, J., Friedman, J., Hastie, T. et al., *The Elements of Statistical Learning*, New York: Springer, 2009.

[70] Genest, C., Quessy, J. F. and Rémillard, B., "Goodness – of – Fit Procedures for Copula Models Based on the Probability Integral Transformation", *Scandinavian Journal of Statistics*, Vol. 33, No. 2, 2006.

[71] Genest, C., Rémillard, B. and Beaudoin, D., "Goodness – of – Fit Tests for Copulas: A Review and a Power Study", *Insurance: Mathematics and Economics*, Vol. 44, No. 2, 2009.

[72] Genest, C. and Segers, J., "Rank – Based Inference for Bivariate Extreme – Value Copulas", *The Annals of Statistics*, Vol. 37, No. 5, 2009.

[73] Gensch, D. H. and Recker, W. W., "The Multinomial, Multi-attribute Logit Choice Model", *Journal of Marketing Research*, Vol. 16, No. 1, 1979.

[74] Gordon, K., "Fitting Tweedie's Compound Poisson Model to Insurance Claims Data: Dispersion Modeling", *Astin Bulletin*, Vol. 32, No. 1, 2002.

[75] Grün, B. and Leisch, F., "Fitting Finite Mixtures of Generalized Linear Regressions in R", *Computational Statistics & Data Analysis*, Vol. 51, No. 11, 2007, 51.

[76] Haberman, S. and Renshaw, A. E., "Generalized Linear Models and Actuarial Science", *The Statistician*, Vol. 45, No. 4, 1996.

[77] Hardy, G., Littlewood, J., Pólya, G., *Inequalities*, Cambridge: Cambridge University Press, 1934.

[78] Ho, L. L. and da Motta, Singer J., "Generalized Least Squares Methods for Bivariate Poisson Regression", *Communications in*

Statistics – Theory and Methods, Vol. 30, No. 2, 2001.

[79] Holgate, P., "Estimation for the Bivariate Poisson Distribution", *Biometrika*, Vol. 51, No. 1 – 2, 1964.

[80] Jaworski, P., Durante, F. and Härdle, W. K. et al., *Copula Theory and Its Applications*, New York: Springer, 2010.

[81] Joe, H., "Asymptotic Efficiency of the Two – Stage Estimation Method for Copula – Based Models", *Journal of Multivariate Analysis*, Vol. 94, No. 2, 2005.

[82] Joe, H., Seshadri, V. and Arnold, B. C., "Multivariate Inverse Gaussian and Skew – Normal Densities", *Statistics & Probability Letters*, Vol. 82, No. 12, 2012.

[83] Joe, H. and Zhu, R., "Generalized Poisson Distribution: The Property of Mixture of Poisson and Comparison with Negative Binomial Distribution", *Biometrical Journal*, Vol. 47, No. 2, 2005.

[84] Johnson, N. L., Kotz, S. and Balakrishnan, N., *Discrete Multivariate Distributions*, New York: John Wiley & Sons, 1997.

[85] Justel, A., Peña, D. and Zamar, R., "A Multivariate Kolmogorov – Smirnov Test of Goodness of Fit", *Statistics & Probability Letters*, Vol. 35, No. 3, 1997.

[86] Kaas, R., Goovaerts, M. J. and Dhaene, J. et al., *Modern Actuarial Risk Theory: Using R*, New York: Springer, 2008.

[87] Kaas, R., Goovaerts, M., Dhaene, J. and Denuit, M., *Modern Actuarial Risk Theory: Using R*, New York: Springer, 2009.

[88] Karlis, D., *A Finite Mixture of Bivariate Poisson Regression Models with an Application to Insurance Ratemaking*, Amsterdam: Elsevier Science Publishers, 2012.

[89] Karlis, D. and Meligkotsidou, L., "Multivariate Poisson Regression with Covariance Structure", *Statistics and Computing*, Vol. 15, No. 4, 2005.

[90] Karlis, Dimitris, *A Finite Mixture of Bivariate Poisson Regression Models with an Application to Insurance Ratemaking*, Elsevier Science Publishers B. V. , 2012.

[91] Klein, N. , Denuit, M. and Lang, S. et al. , "Nonlife Ratemaking and Risk Management with Bayesian Generalized Additive Models for Location, Scale, and Shape", *Insurance Mathematics & Economics*, Vol. 55, No. 1, 2014.

[92] Klein, N. , Kneib, T. and Lang, S. , "Bayesian Generalized Additive Models for Location, Scale, and Shape for Zero – Inflated and Overdispersed Count Data", *Journal of the American Statistical Association*, Vol. 509, No. 110, 2015.

[93] Klugman, S. A. , Panjer, H. H. and Willmot, G. E. , *Loss Models: From Data to Decisions* (4th Edition), New York: John Wiley & Sons, 2012.

[94] Kocherlakota, S. and Kocherlakota, K. , "Regression in the Bivariate Poisson Distribution", *Communications in Statistics*, Vol. 30, No. 5, 2001.

[95] Lai, Chin Diew and Balakrishnan, N. , *Continuous Bivariate Distributions*, New York: Springer, 2009.

[96] Lin, X. and Zhang, D. , "Inference in Generalized Additive Mixed Modelsby Using Smoothing Splines", *Journal of the Royal Statistical Society: Series B (Statistical Methodology)*, Vol. 61, No. 2, 1999.

[97] Mardia, K. V. , "Families of Bivariate Distributions", *Journal of the Royal Statistical Society*, No. 4, 1971.

[98] Mccullagh, P. M. and Nelder, J. A. S. , "Generalized Linear Models", *Applied Statistics*, Vol. 39, No. 3, 1989.

[99] Mcculloch, C. E. and Neuhaus, J. M. , *Generalized Linear Mixed Models*, New York: John Wiley & Sons, 2005.

[100] Nelder and Wedderburn, *Introduction to Generalized Linear Models*, New York: Springer, 1972.

[101] Nelsen, R. B. , *An Introduction to Copulas*, New York: Springer, 2006.

[102] Nikoloulopoulos, A. K. and Karlis, D. , "On Modeling Count Data: A Comparison of Some Well – Known Discrete Distributions", *Journal of Statistical Computation & Simulation*, Vol. 78, No. 3, 2008.

[103] Ohlsson, E. and Johansson, B. , *Non – Life Insurance Pricing with Generalized Linear Models*, New York: Springer, 2010.

[104] Panchenko, V. , "Goodness – of – Fit Test for Copulas", *Physica A: Statistical Mechanics and Its Applications*, Vol. 355, No. 1, 2005.

[105] Peng Shi and Valdez, Emiliano A. , "Longitudinal Modeling of Insurance Claim Counts Using Jitters", *Social Science Electronic Publishing*, No. 2, 2014.

[106] Ren, J. , "A Multivariate Aggregate Loss Model", *Insurance: Mathematics and Economics*, Vol. 51, No. 2, 2012.

[107] Rigby, R. A. and Stasinopoulos, M. D. , *Mean and Dispersion Additive Models: Applications and Diagnostics*, New York: Springer, 1995.

[108] Rigby, R. and Stasinopoulos, D. , "Generalized Additive Models for Location, Scale and Shape", *Journal of the Royal Statistical Society: Series C (Applied Statistics)*, Vol. 54, No. 3, 2006.

[109] Rigby, R. A. and Stasinopoulos, D. M. , "Smooth Centile Curves for Skew and Kurtotic Data Modelled Using the Box – Cox Power Exponential Distribution", *Statistics in Medicine*, Vol. 23, No. 19, 2004.

[110] Savu, C. and Trede, M. , "Goodness – of – Fit Tests for Para-

metric Families of Archimedean Copulas", *Quantitative Finance*, Vol. 8, No. 2, 2008.

[111] Scaillet, O., "Kernel – Based Goodness – of – Fit Tests for Copulas with Fixed Smoothing Parameters", *Journal of Multivariate Analysis*, Vol. 98, No. 3, 2007.

[112] Scheel, I., Ferkingstad, E. and Frigessi, A. et al., "A Bayesian Hierarchical Model with Spatial Variable Selection: The Effect of Weather on Insurance Claims", *Journal of the Royal Statistical Society*, Vol. 62, No. 1, 2013.

[113] Scholz, F. and Stephens, M., "K – Sample Anderson – Darling tests", *Journal of the American Statistical Association*, Vol. 399, No. 82, 1987.

[114] Shaked, M. and Shanthikumar, J. G., *Stochastic Orders*, New York: Springer, 2007.

[115] Shi, P. and Frees, E. W., "Dependent Loss Reserving Using Copulas", *Astin Bulletin*, Vol. 42, No. 2, 2011.

[116] Shi, P. and Valdez, E. A., "Multivariate Negative Binomial Models for Insurance Claim Counts", *Insurance Mathematics & Economics*, Vol. 55, No. 1, 2014.

[117] Shi, P. and Valdez, E. A., "A Copula Approach to Test Asymmetric Information with Applications to Predictive Modeling", *Insurance: Mathematics and Economics*, Vol. 49, No. 2, 2011.

[118] Simon, N., *Generalized Additive Models: An Introduction with R*, London: Chapman & Hall, 2006.

[119] Stasinopoulos, D. M. and Rigby, R. A., "Generalized Additive Models for Location Scale and Shape (GAMLSS) in R", *Journal of Statistical Software*, Vol. 23, No. 7, 2007.

[120] Strawderman, R. L., "Continuous Multivariate Distributions, Volume 1: Models and Applications", *Publications of the Ameri-*

can Statistical Association, Vol. 454, No. 96, 2004.

[121] Trivedi, P. K. and Zimmer, D. M., "Copula Modeling: An Introduction for Practitioners", *Foundations & Trends in Econometrics*, Vol. 1, No. 1, 2013.

[122] Valdez, E. A. and Xiao, Y., "On the Distortion of a Copula and Its Margins", *Scandinavian Actuarial Journal*, No. 4, 2011.

[123] Van, B. S. and Fredriks, M., "Worm Plot: A Simple Diagnostic Device for Modelling Growth Reference Curve", *Statistics in Medicine*, Vol. 20, No. 8, 2001.

[124] Vernic, R., "On the Bivariate Generalized Poisson Distribution", *Astin Bulletin*, No. 27, 1997.

[125] Walhin, J. F., "Bivariate ZIP Models", *Biometrical Journal*, Vol. 43, No. 2, 2001.

[126] Wang, Z. R., Chen, X. H., Jin, Y. B. and Zhou, Y. J., "Estimating Risk of Foreign Exchange Portfolio: Using VaR and CVaR Based on GARCH – EVT – Copula Model", *Physica A: Statistical Mechanics and Its Applications*, Vol. 389, No. 21, 2010.

[127] Welch, M., "Bivariate Discrete Distributions", *Technometrics*, Vol. 35, No. 3, 2005.

[128] Yeo, K. L. and Valdez, E. A., "Claim Dependence with Common Effects in Credibility Models", *Insurance Mathematics & Economics*, Vol. 38, No. 3, 2015.

[129] Young, V. R., *Premium Principles*, New York: John Wiley & Sons, 2006.

[130] Zeger, S. L. and Karim, M. R., "Generalized Linear Models with Random Effects: A Gibbs Sampling Approach", *Journal of the American Statistical Association*, Vol. 413, No. 86, 1991.

[131] Zhang, C., Guo – Liang Tian, Kai – Wang Ng, "Properties of the Zero – and – One Inflated Poisson Distribution and Likelihood –

Based Inference Methods", *Statistics & Its Interface*, Vol. 9, No. 1, 2015.

[132] Zheng, Y., Yang, J. and Huang, J. Z., "Approximation of Bivariate Copulas by Patched Bivariate Fréchet Copulas", *Insurance: Mathematics and Economics*, Vol. 48, No. 2, 2011.

[133] Zhou, J., "Theory and Applications of Generalized Linear Models in Insurance", *Missouri Law Review*, No. 76, 2011.

[134] Zou, Y., Zhang, Y. and Lord, D., "Application of Finite Mixture of Negative Binomial Regression Models with Varying Weight Parameters for Vehicle Crash Data Analysis", *Accident Analysis & Prevention*, Vol. 50, No. 1, 2013.